ART-MASHUP

Carlotta Hener

&&&

Eckhard Schmittner

Impressum

Titel: ART-MASHUP

© 2018 Carlotta Hener / Eckhard Schmittner

Alle Rechte vorbehalten.

Coverbild: Carlotta Hener

Covergestaltung: Eckhard Schmittner

Kontakt: schiri3@web.de

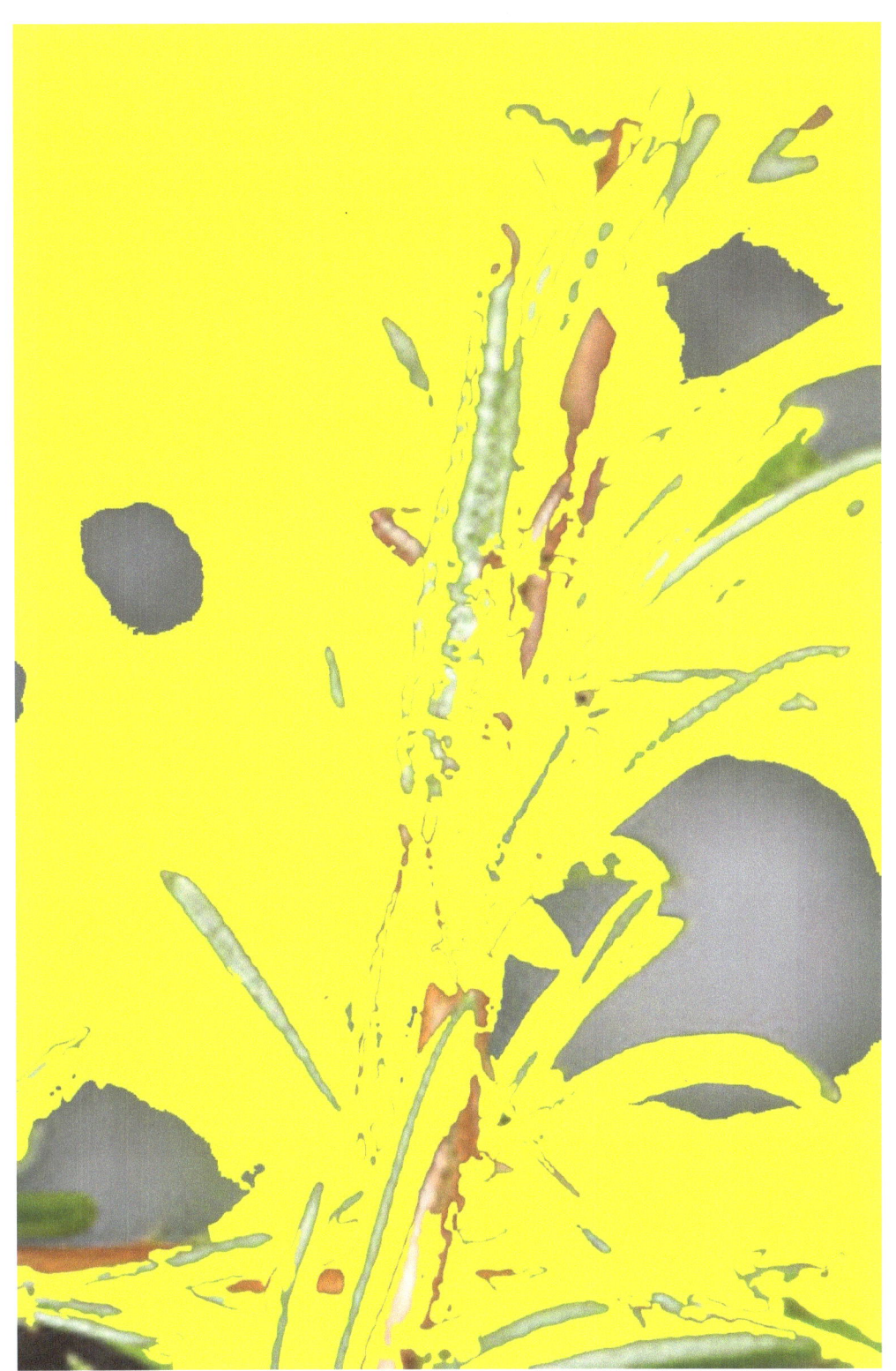

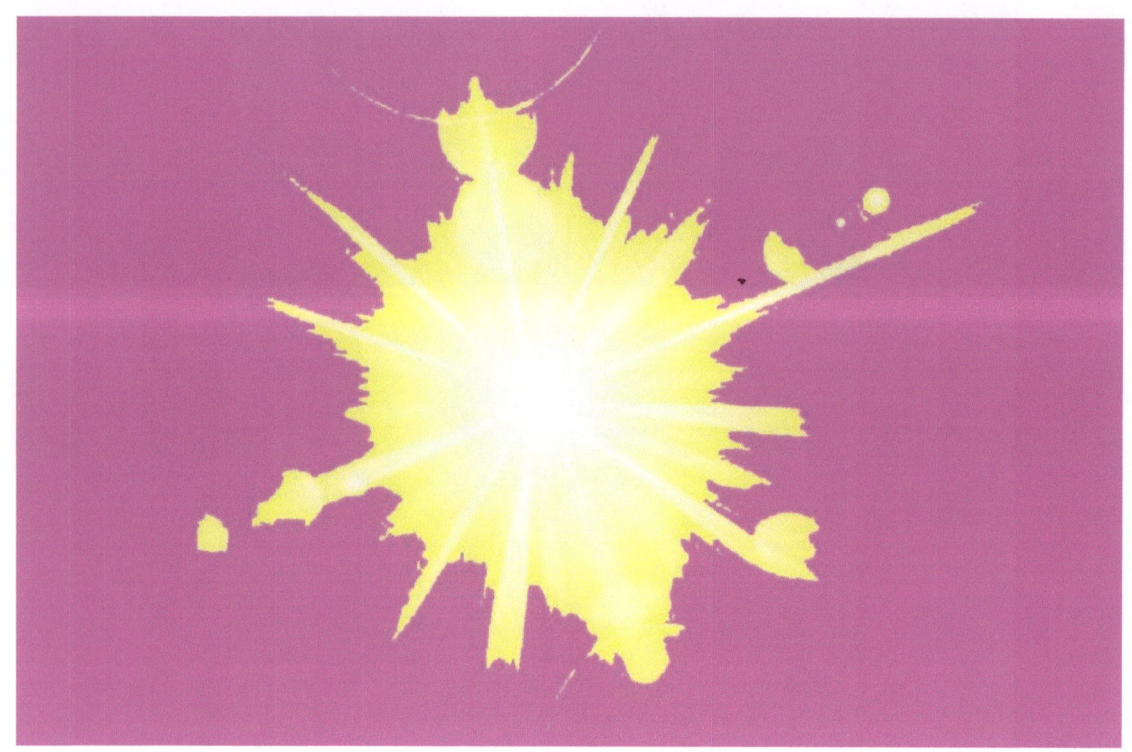
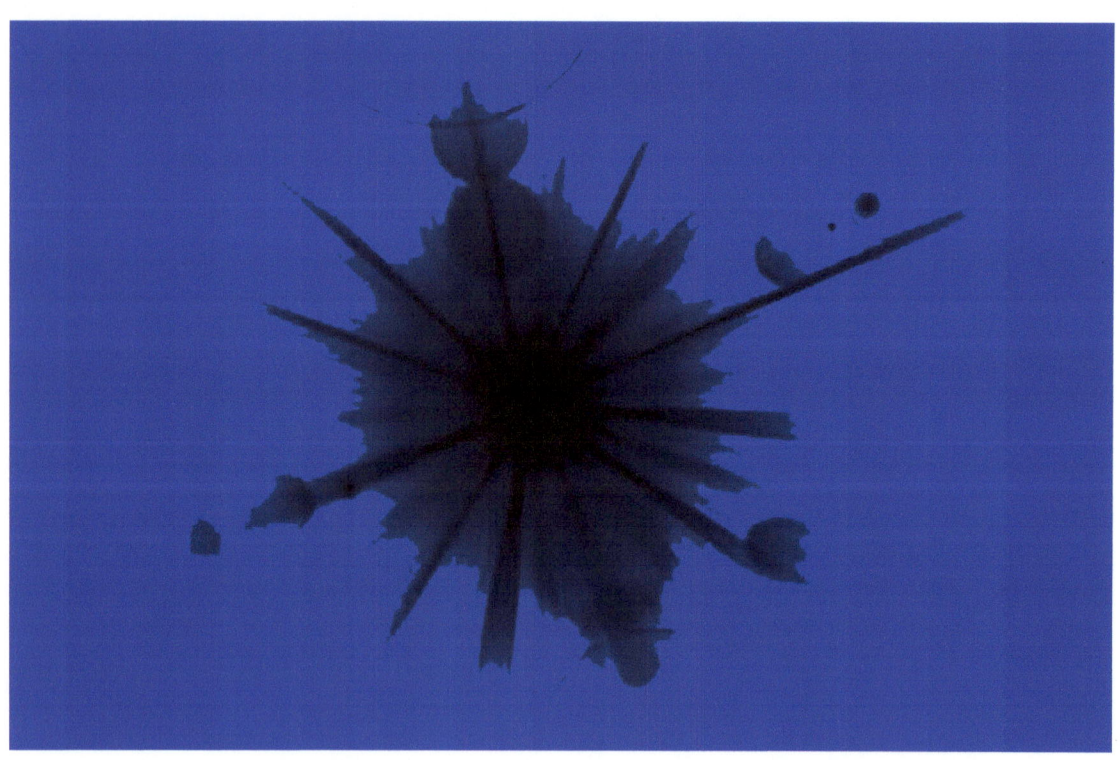

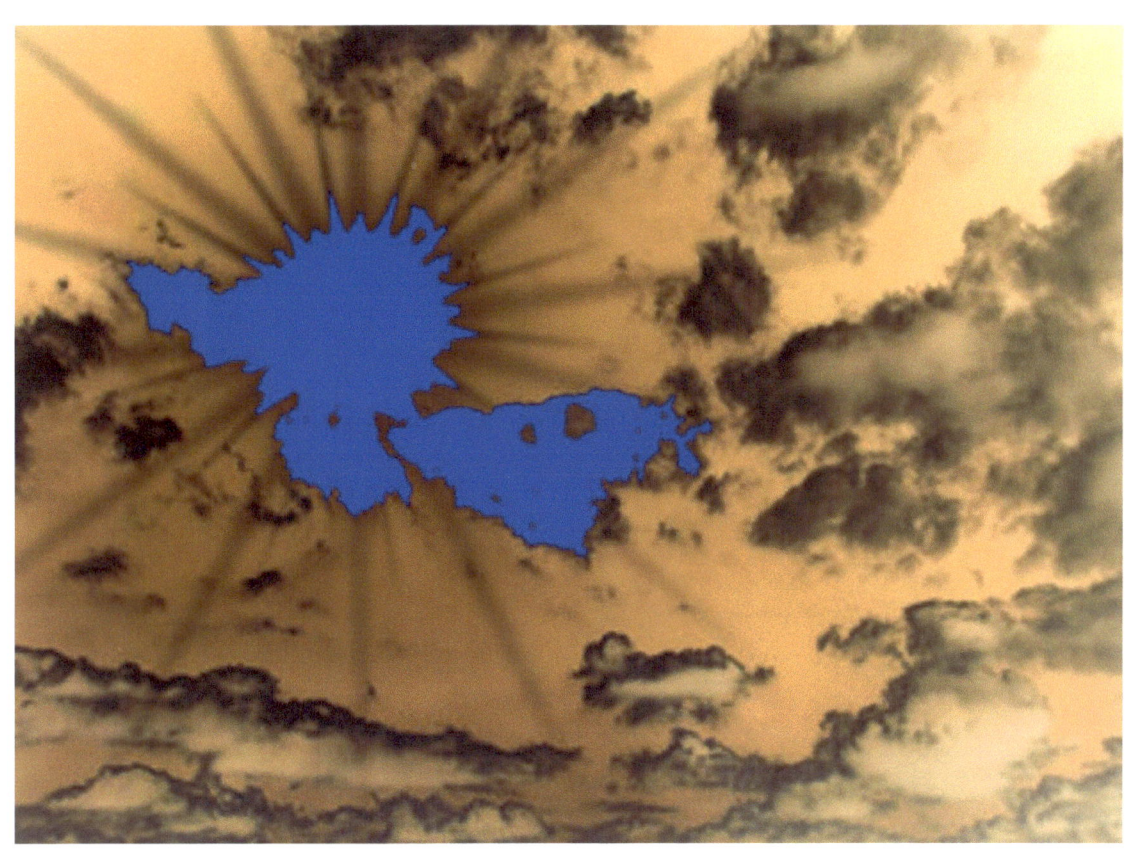

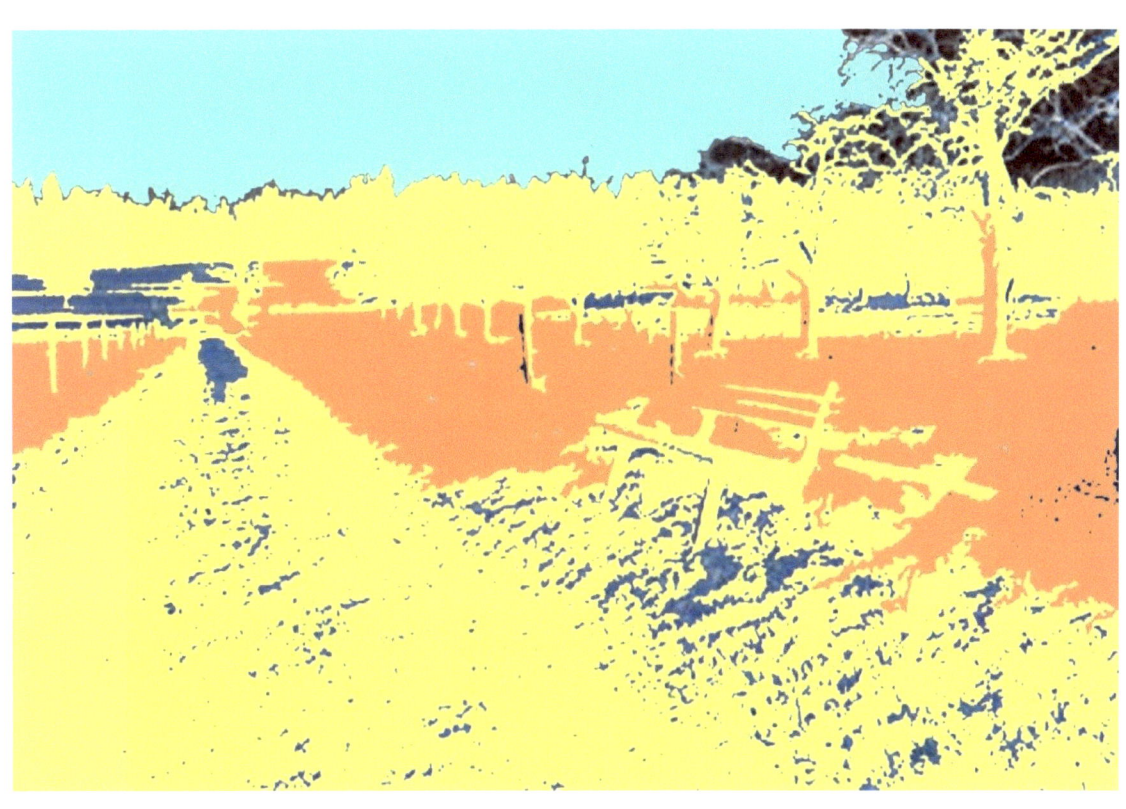

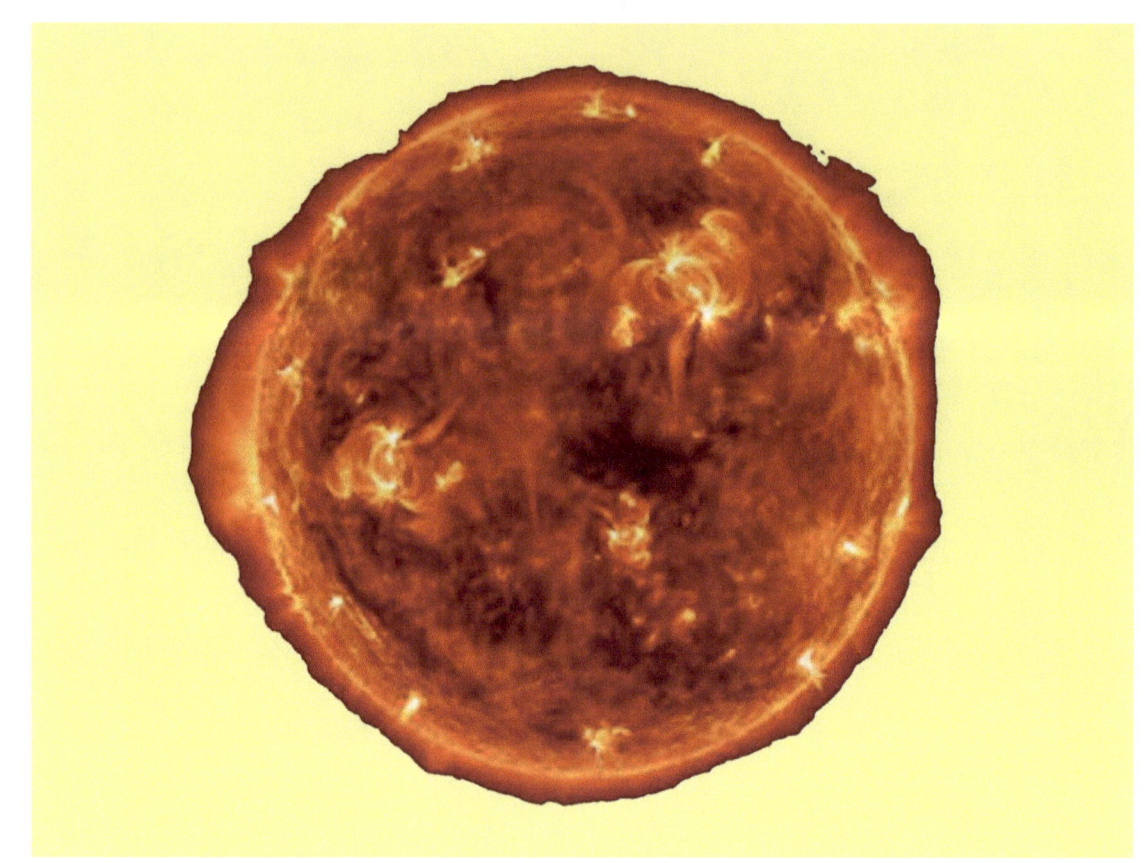
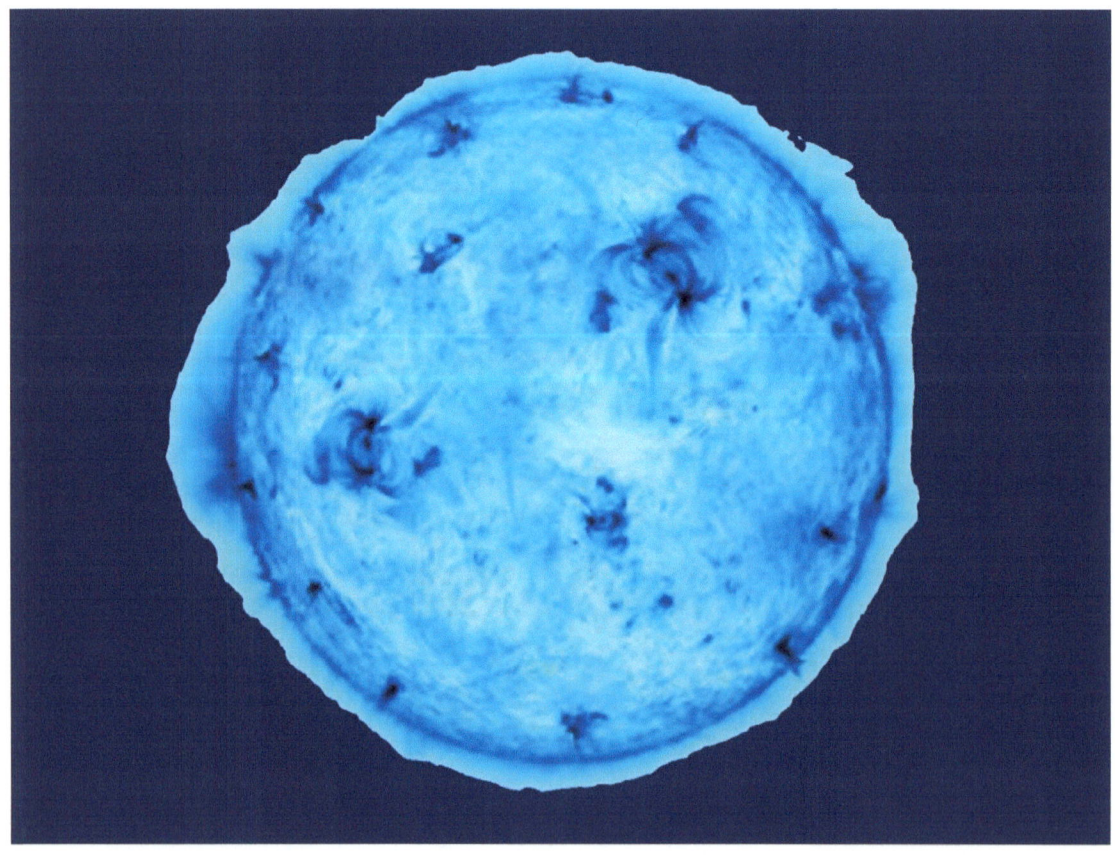

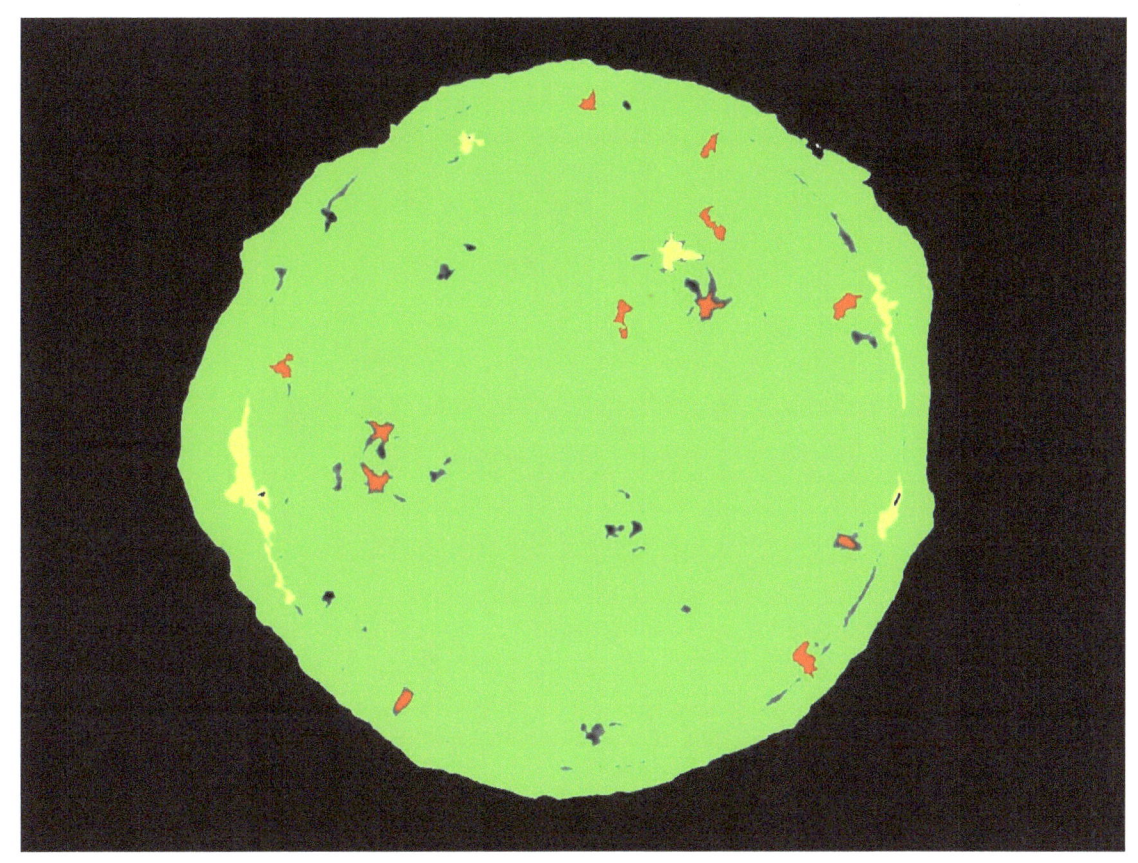

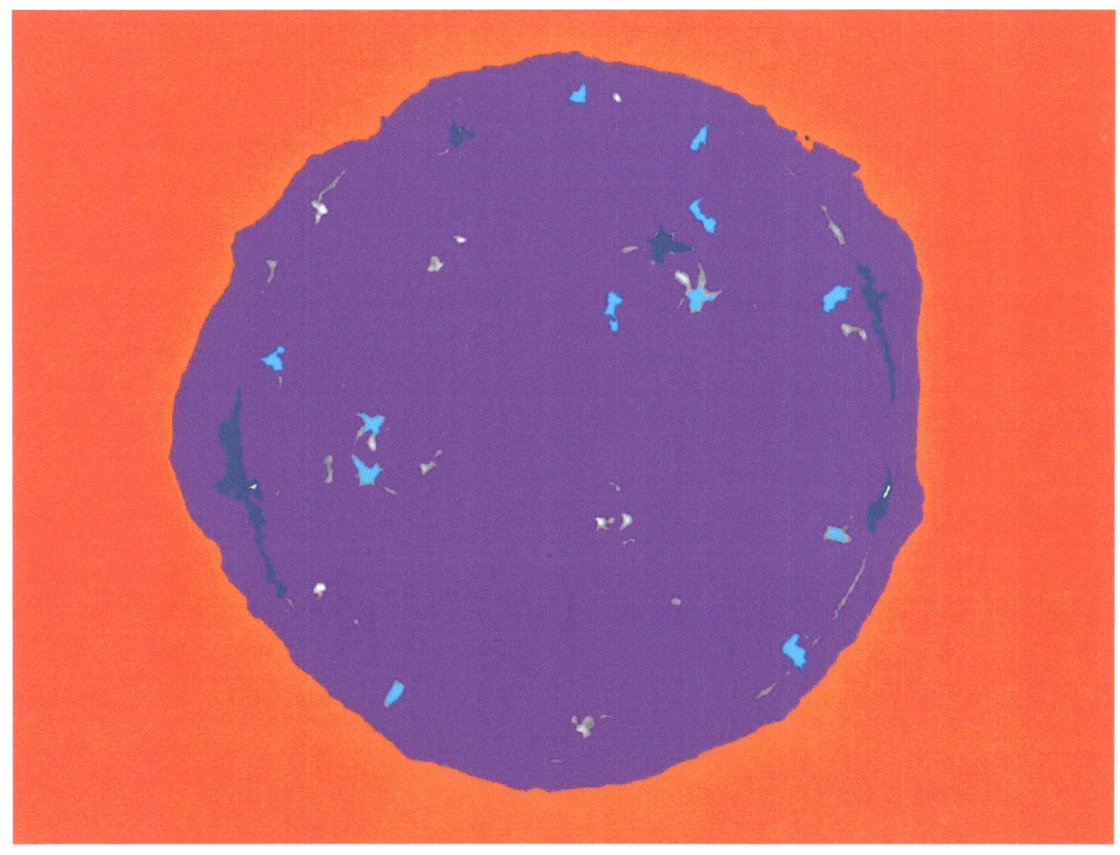

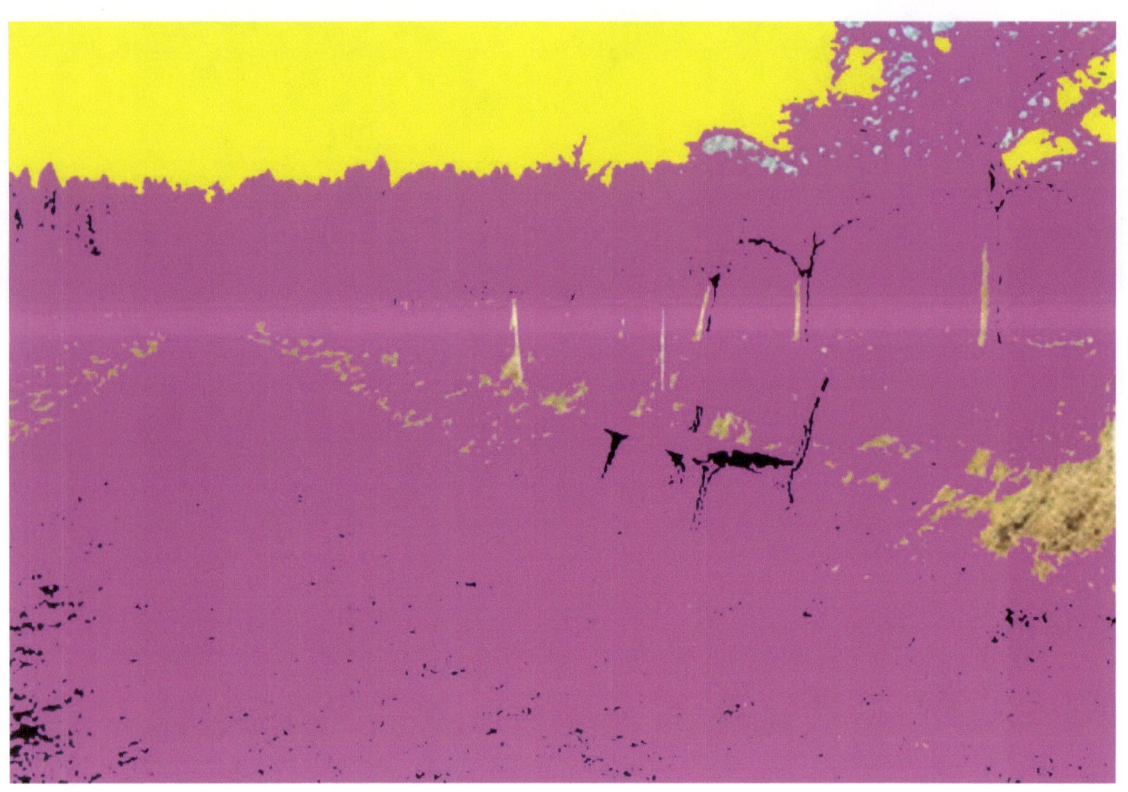

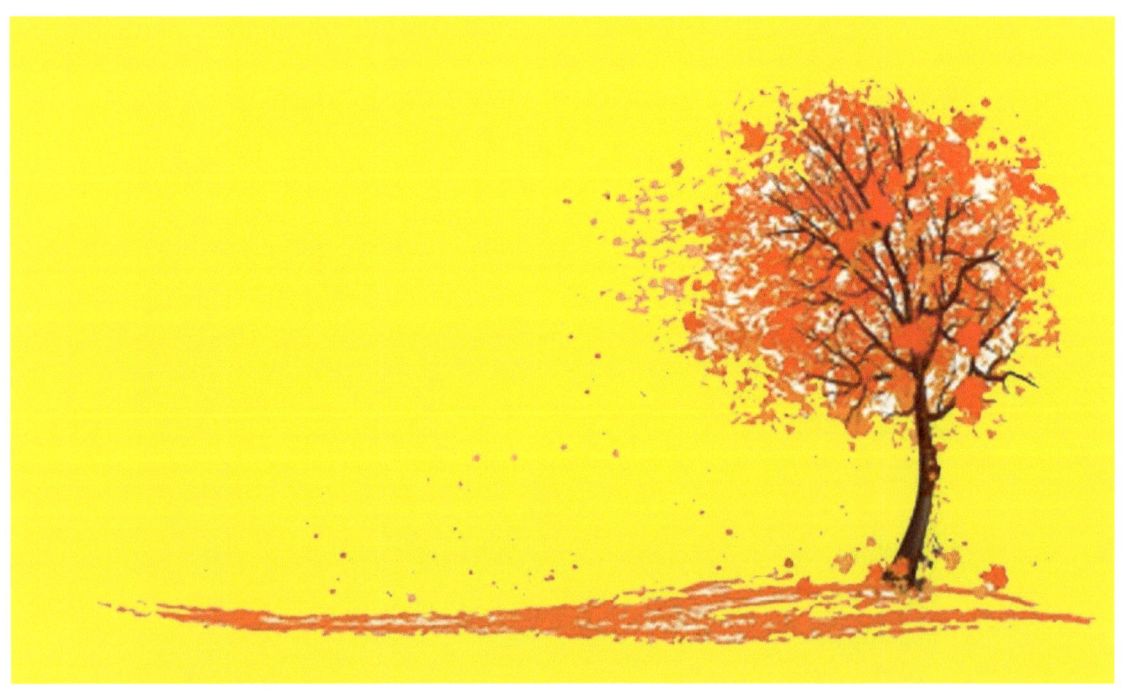

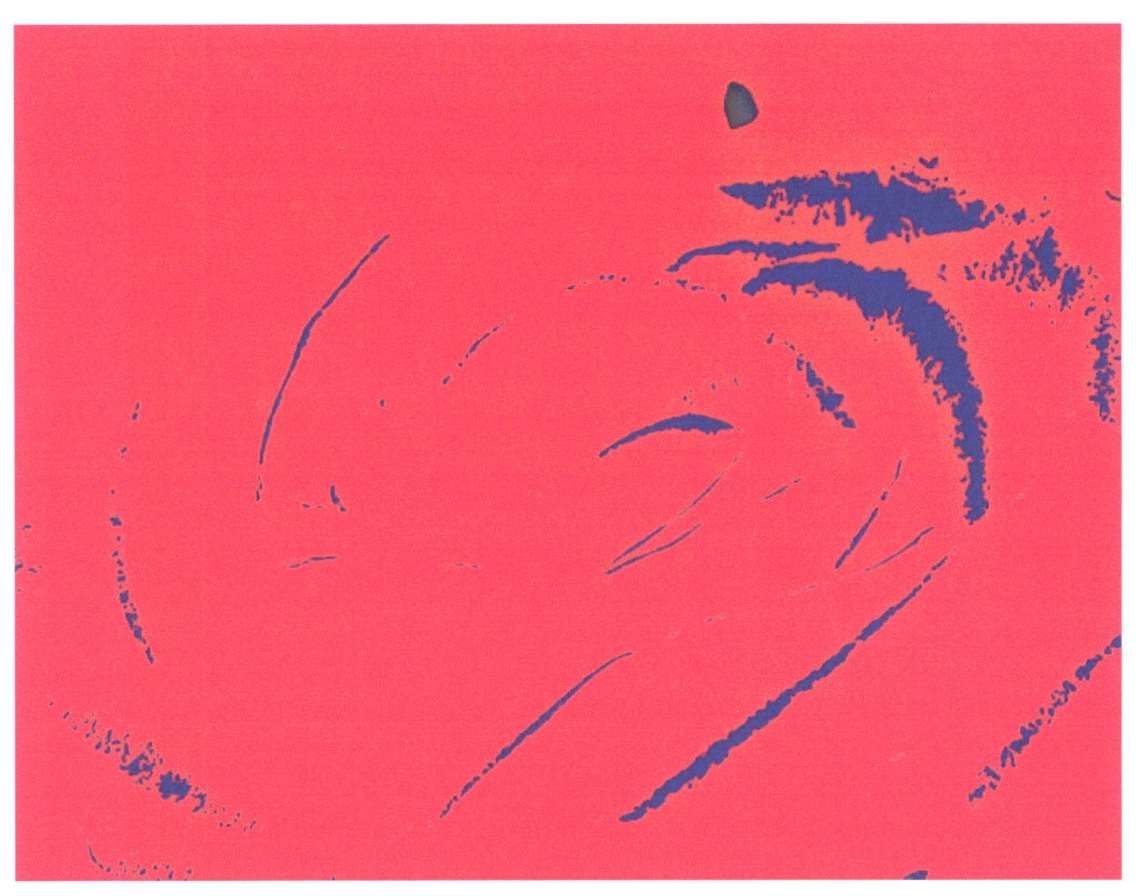

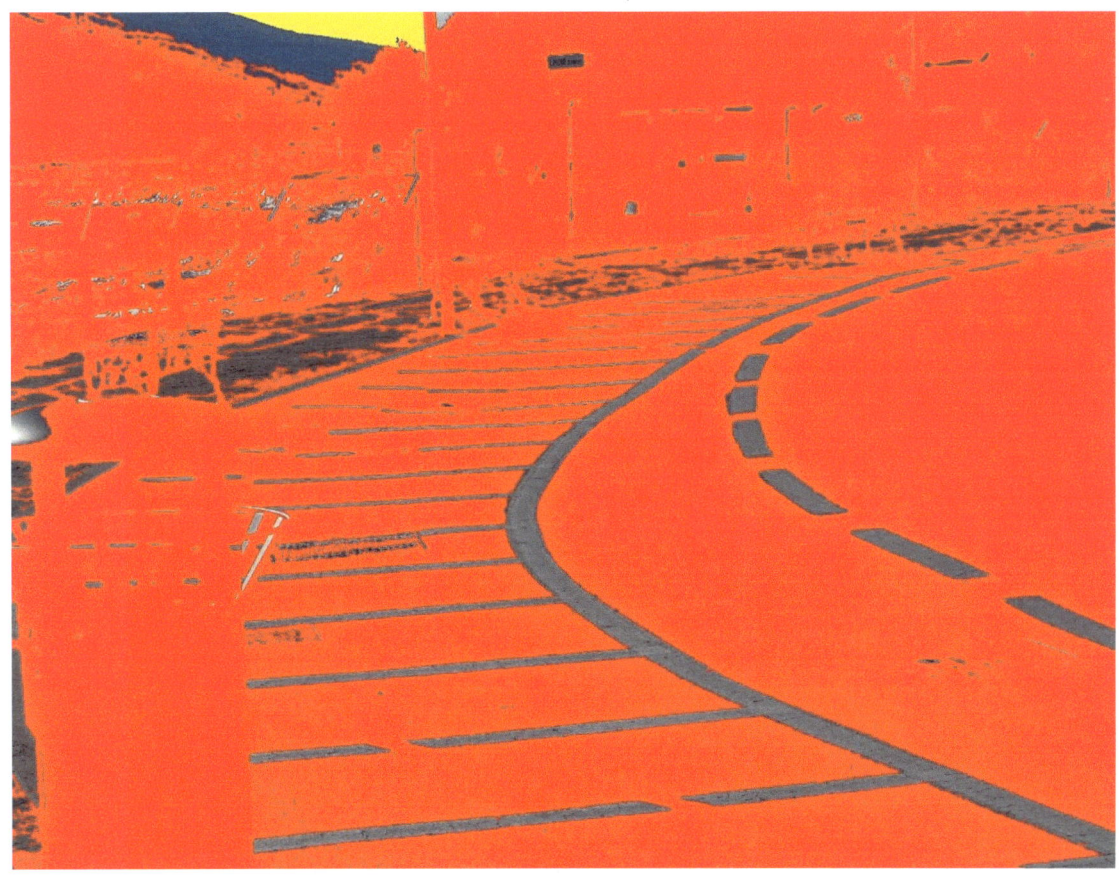

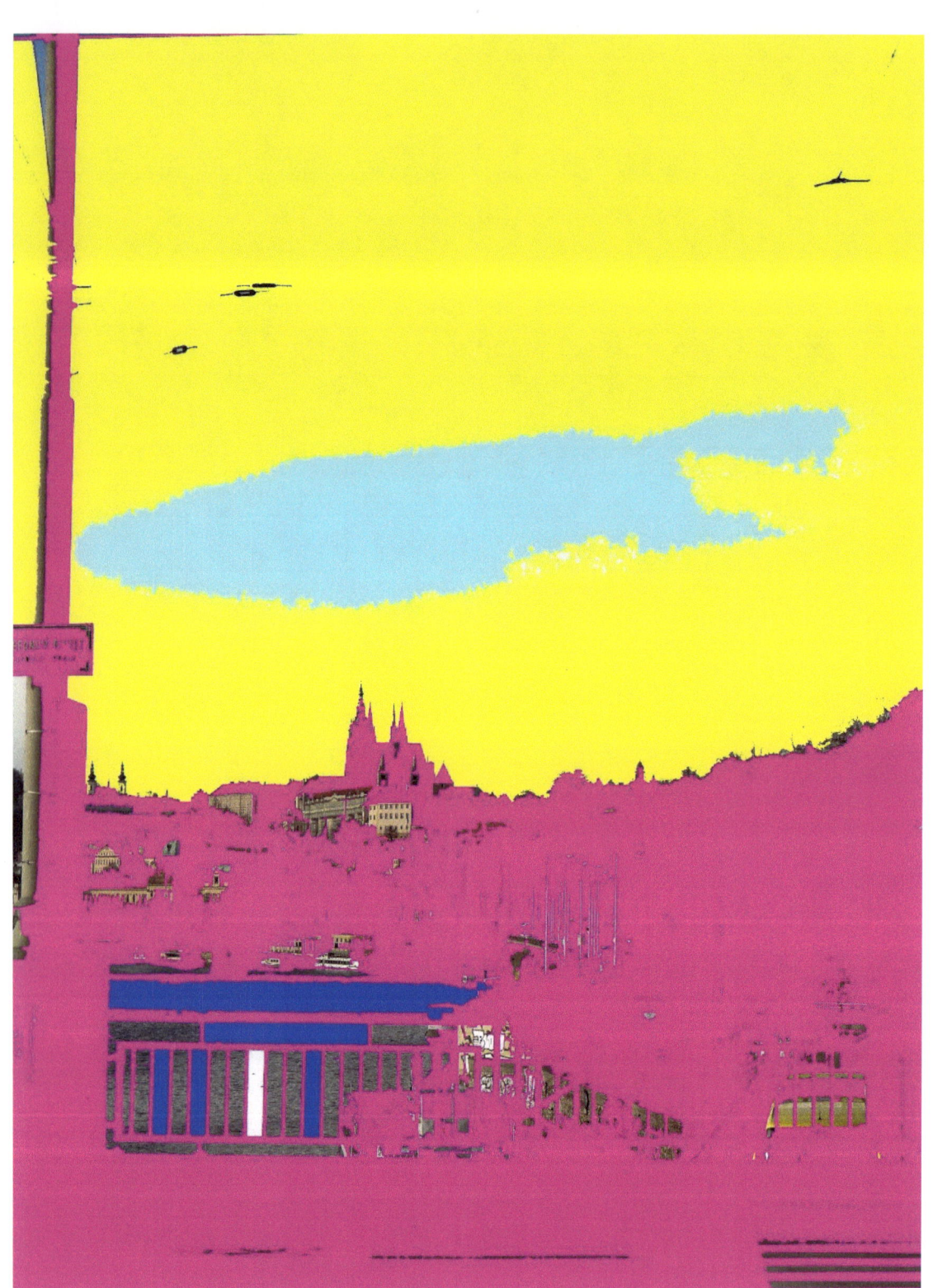

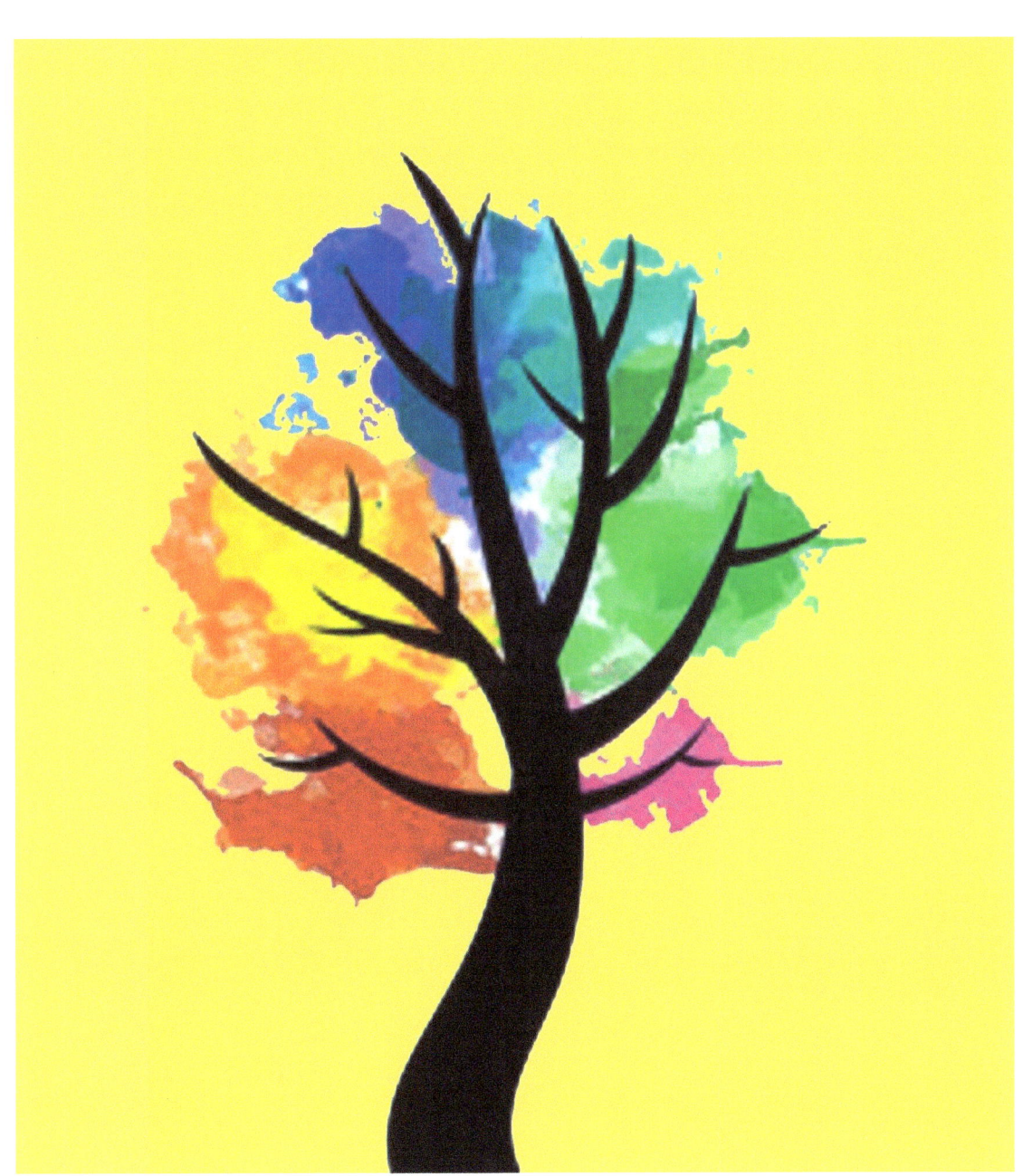

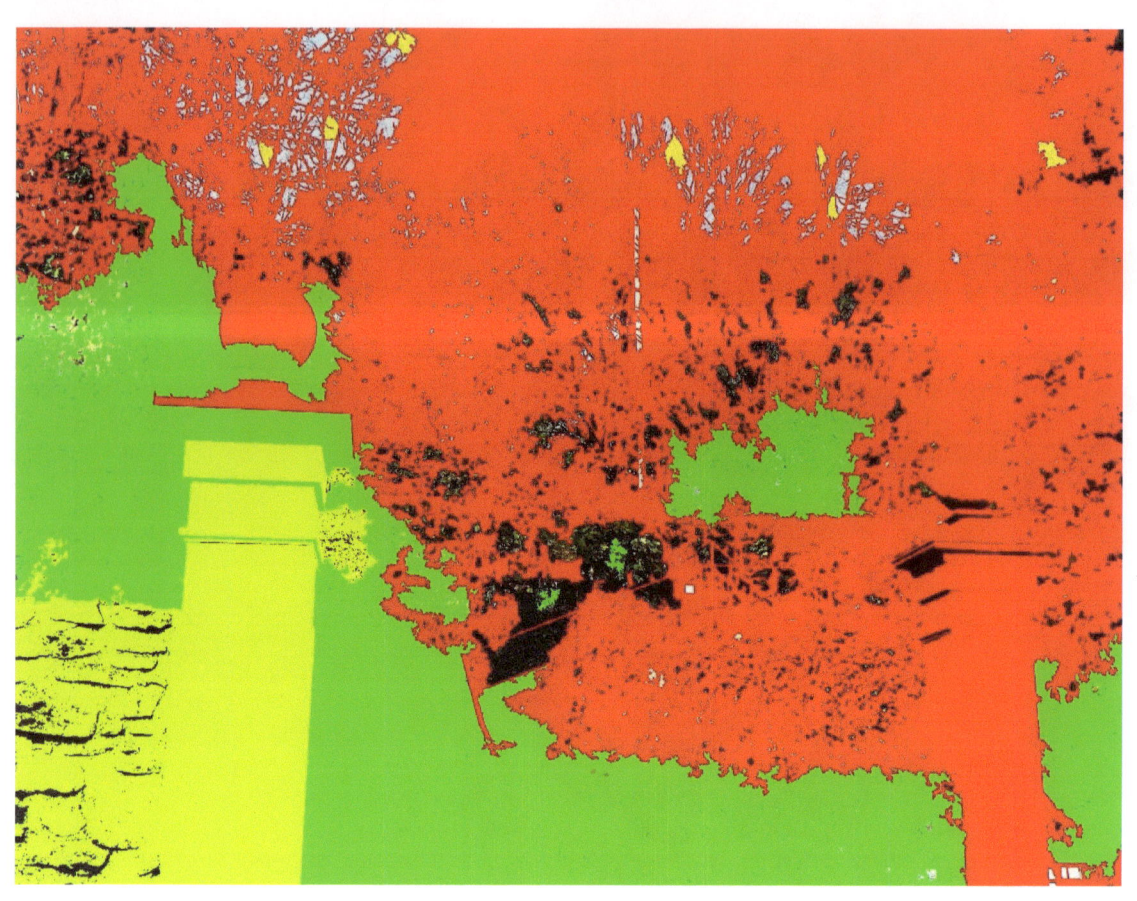

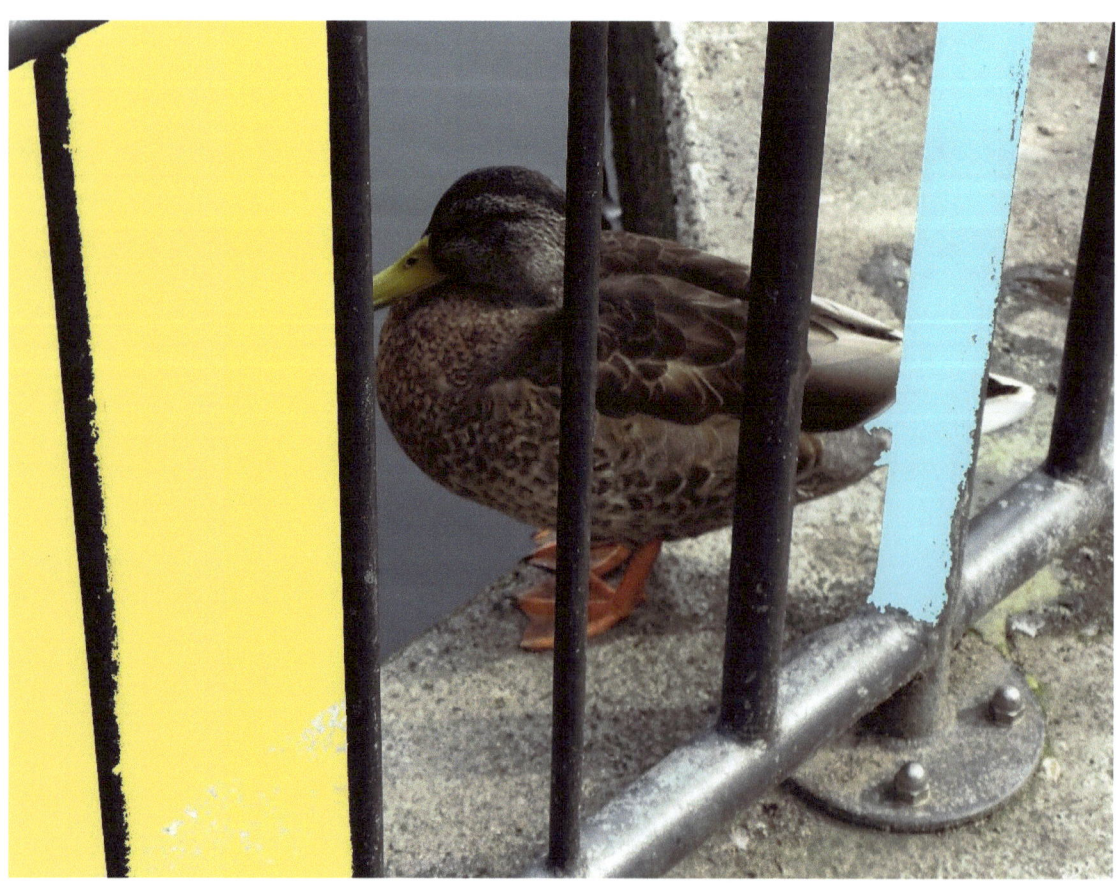

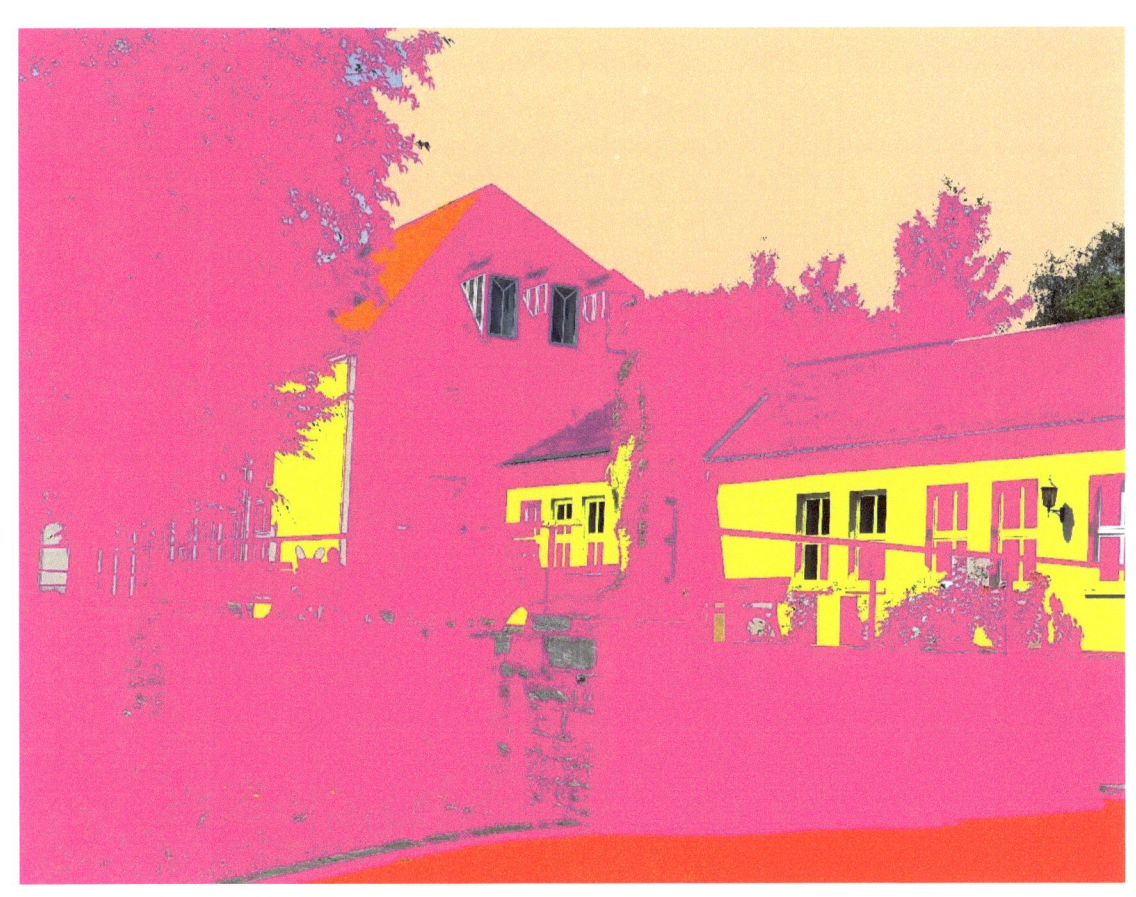
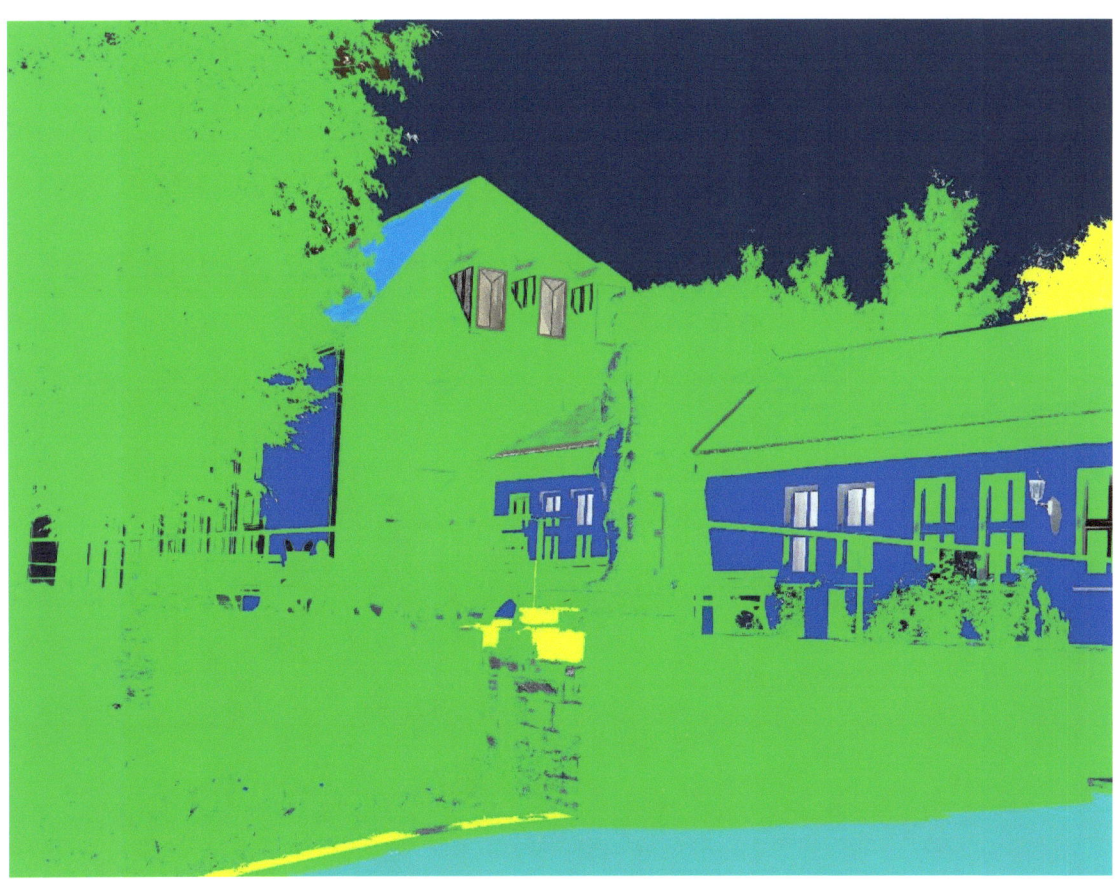

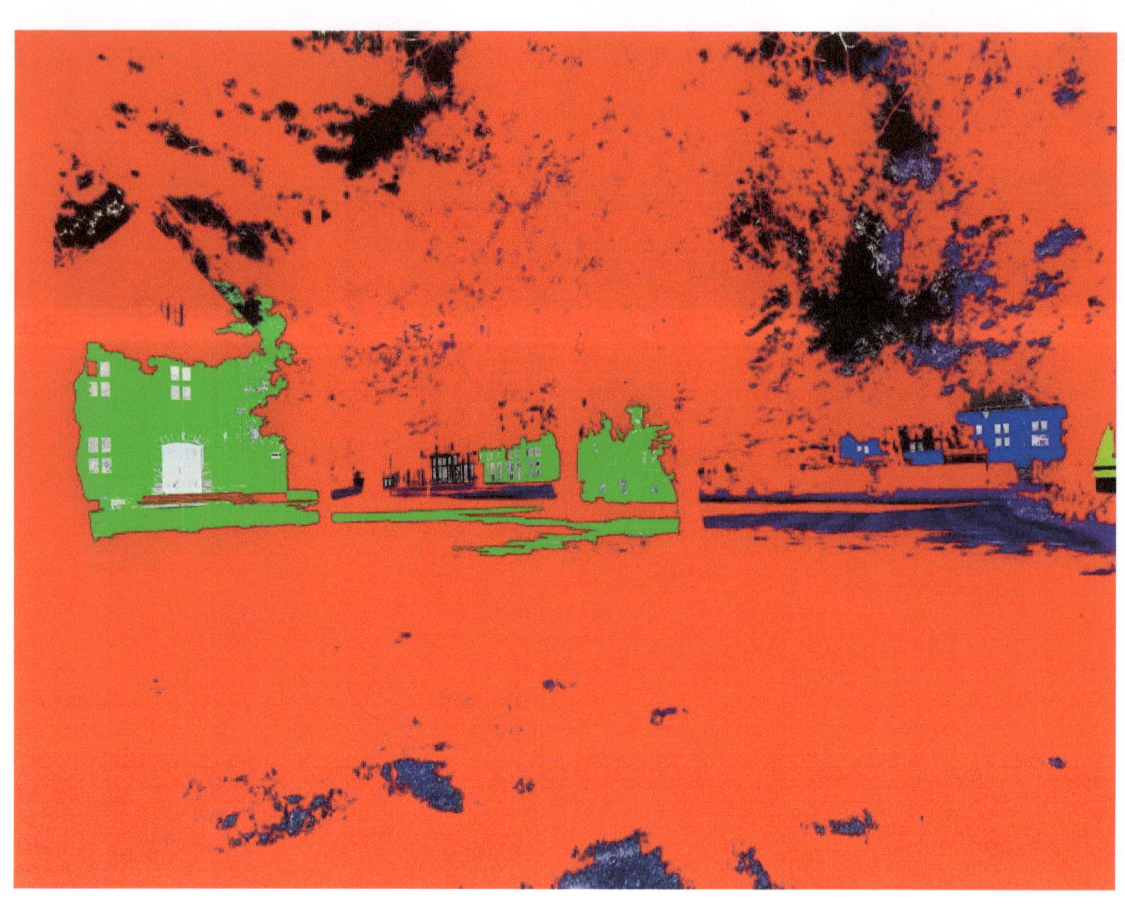

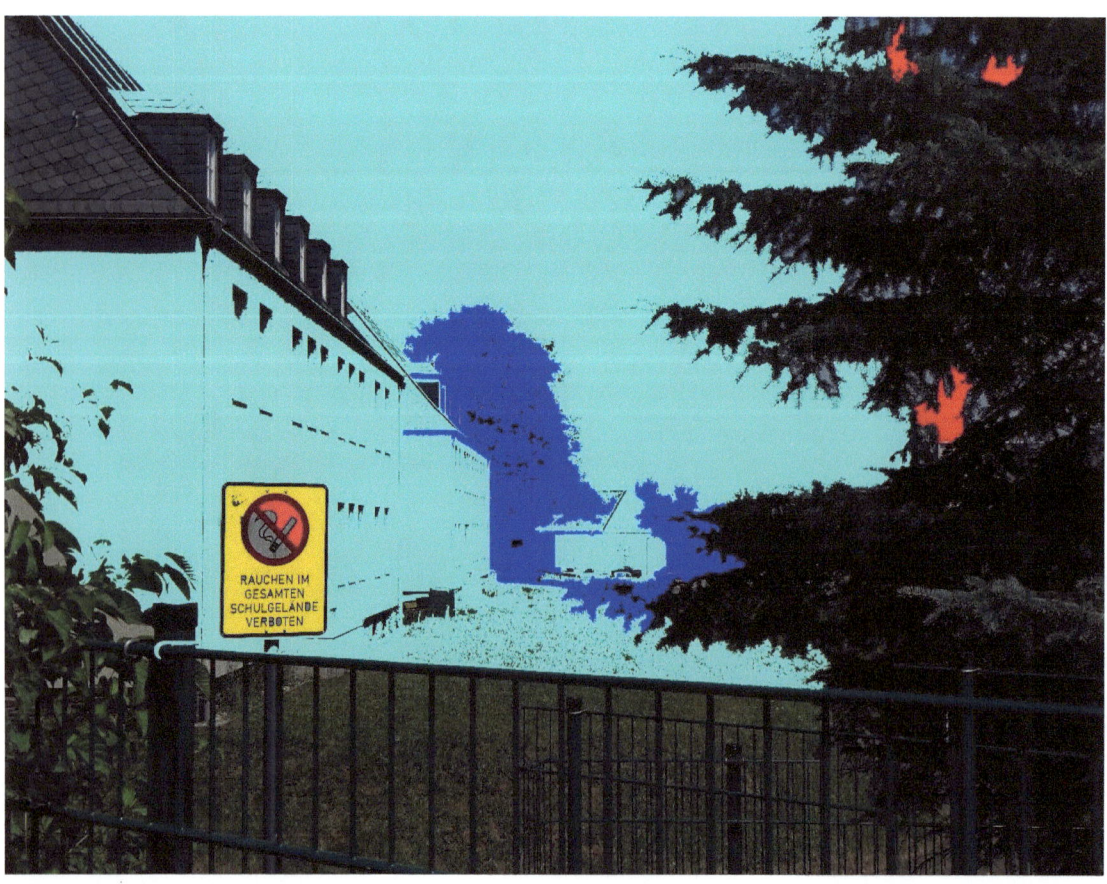

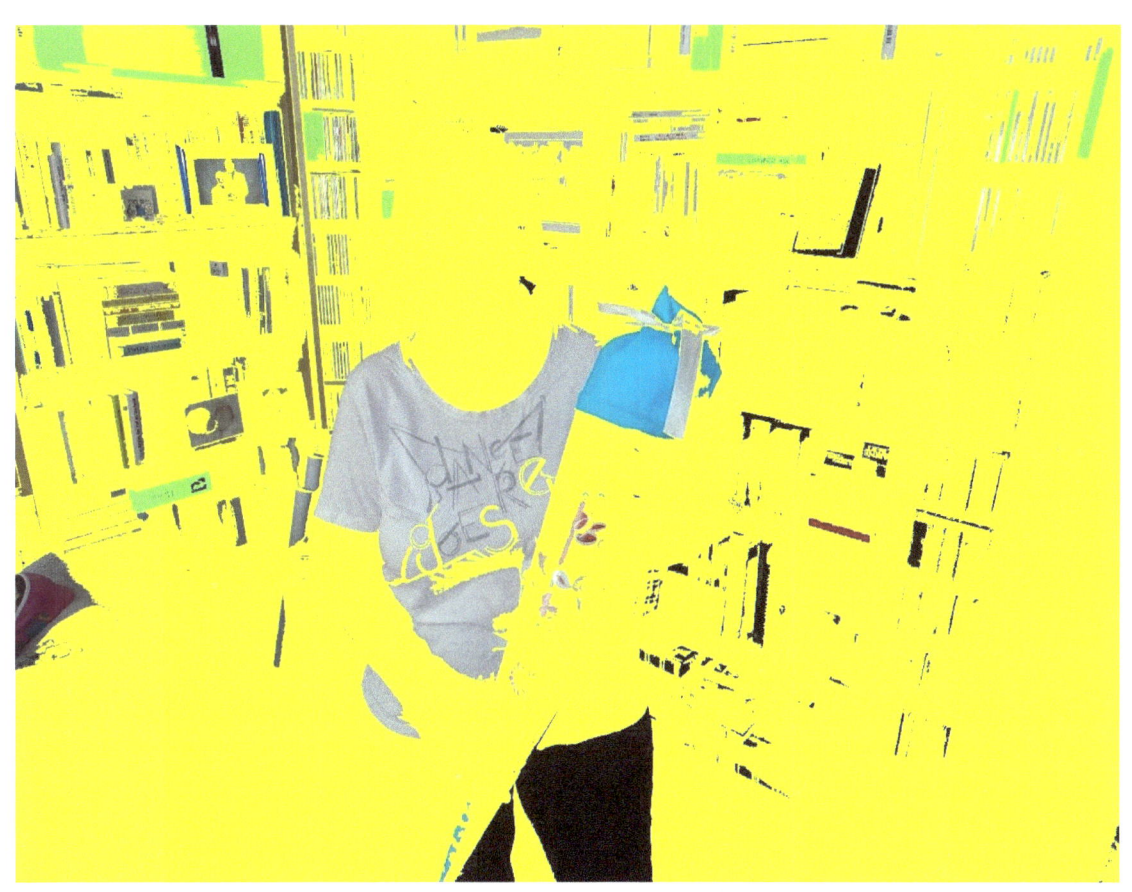

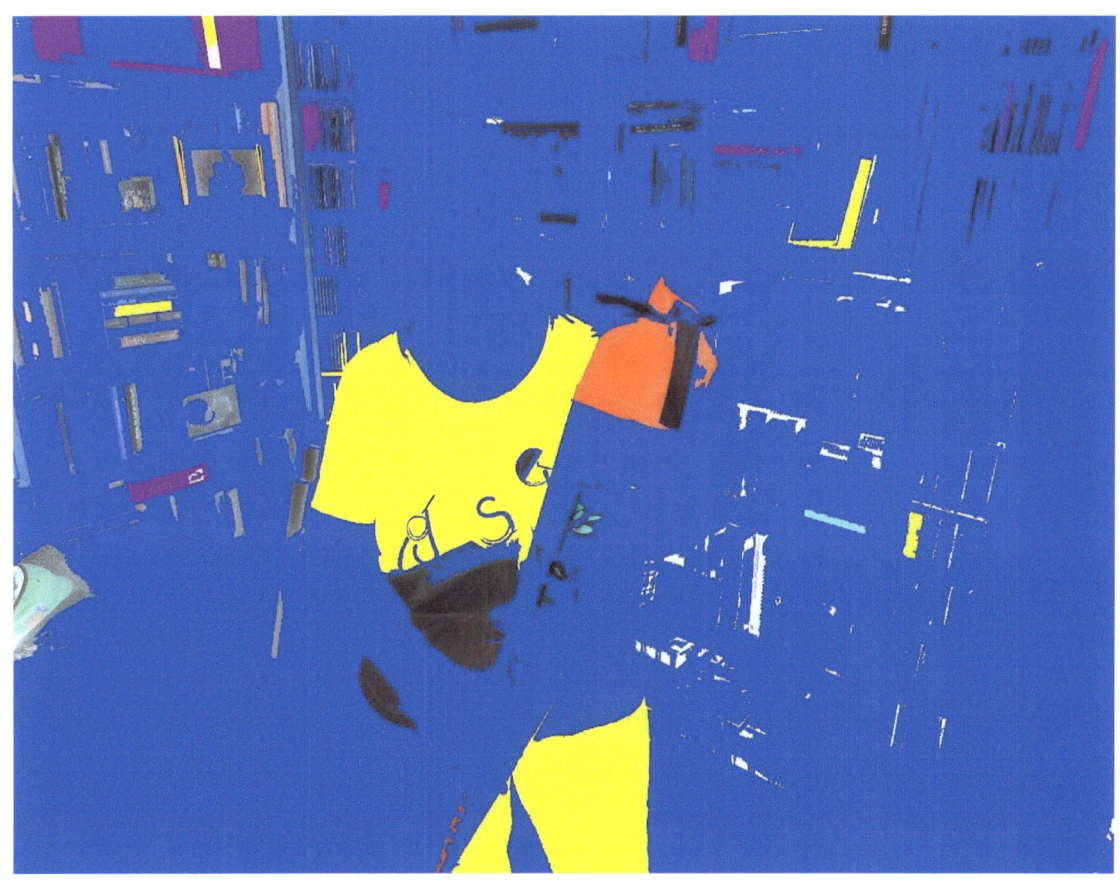

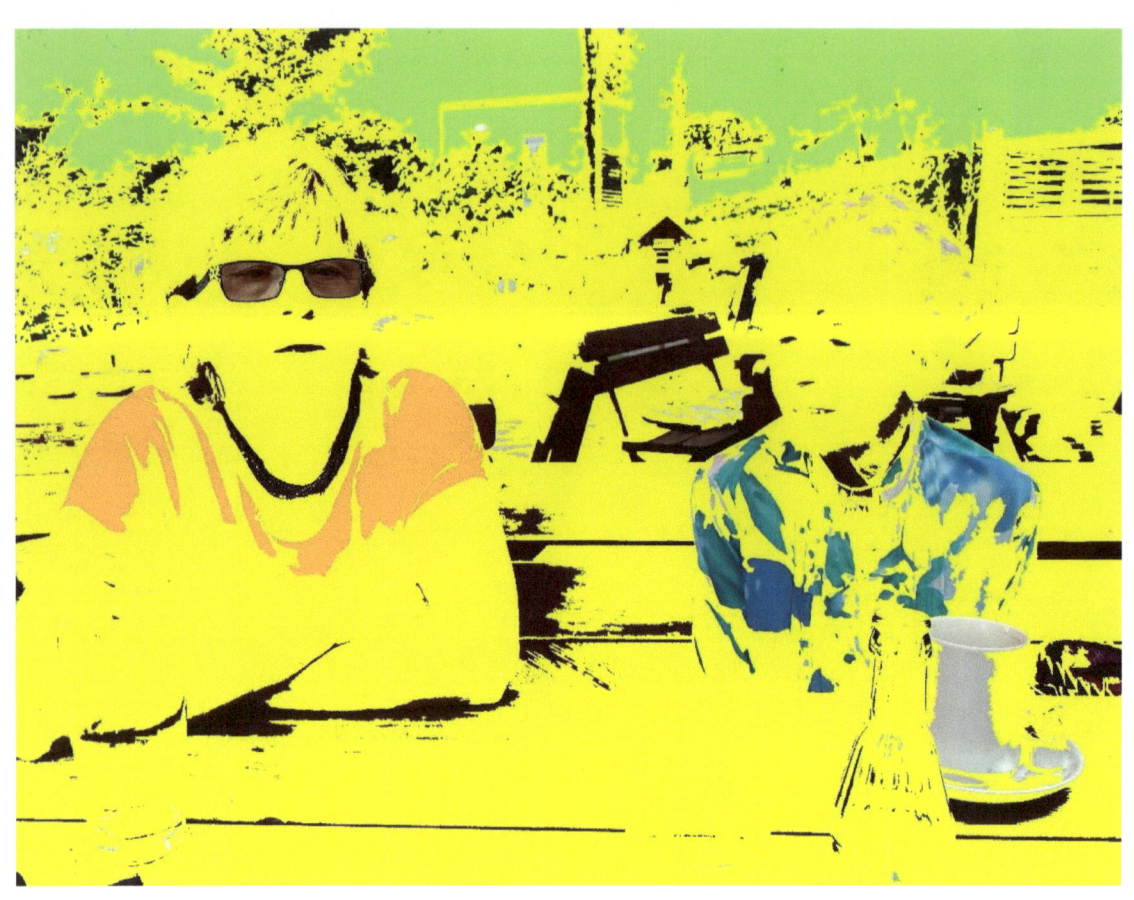

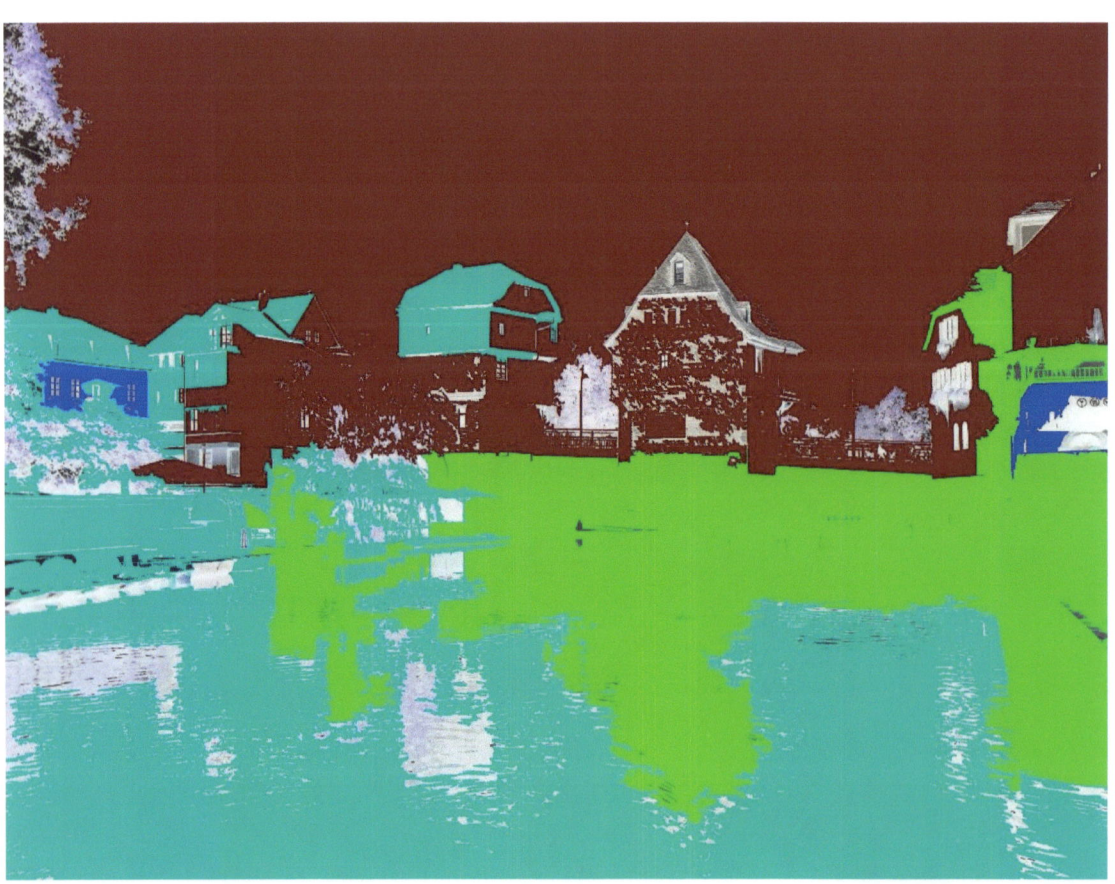

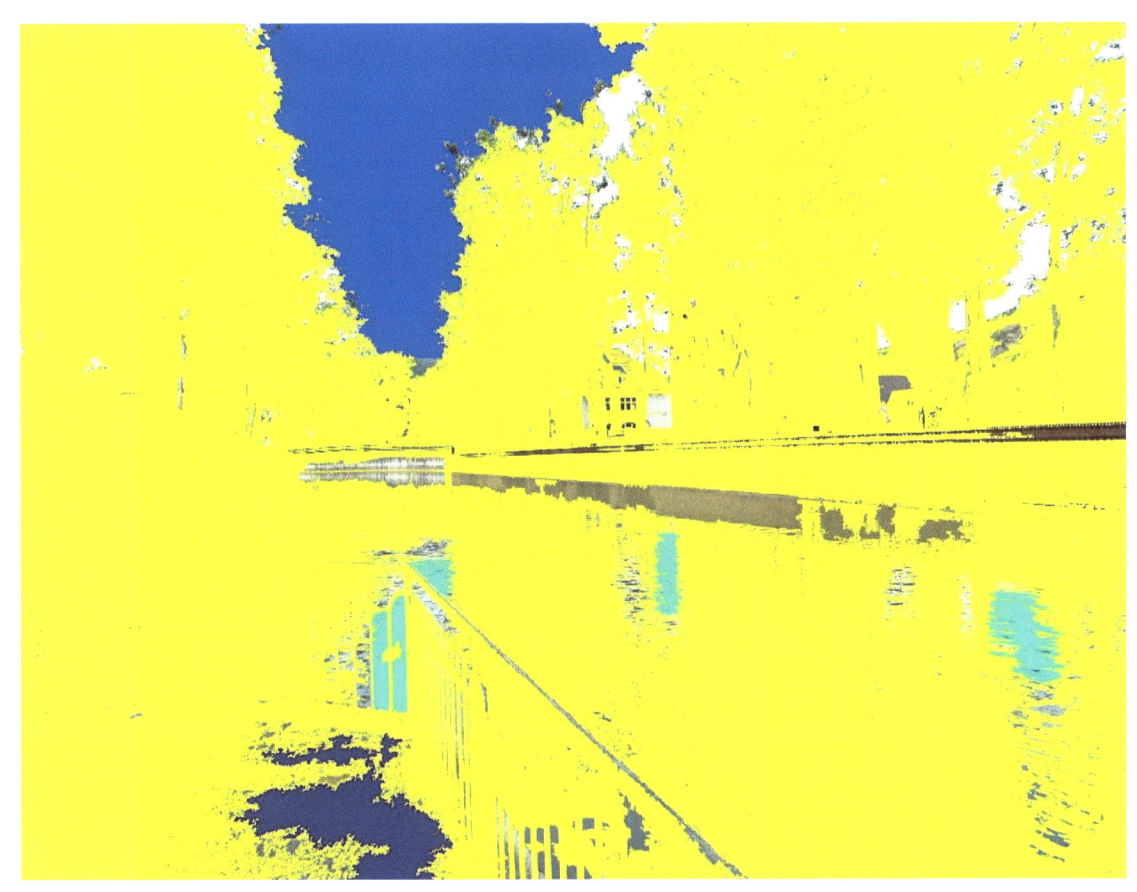
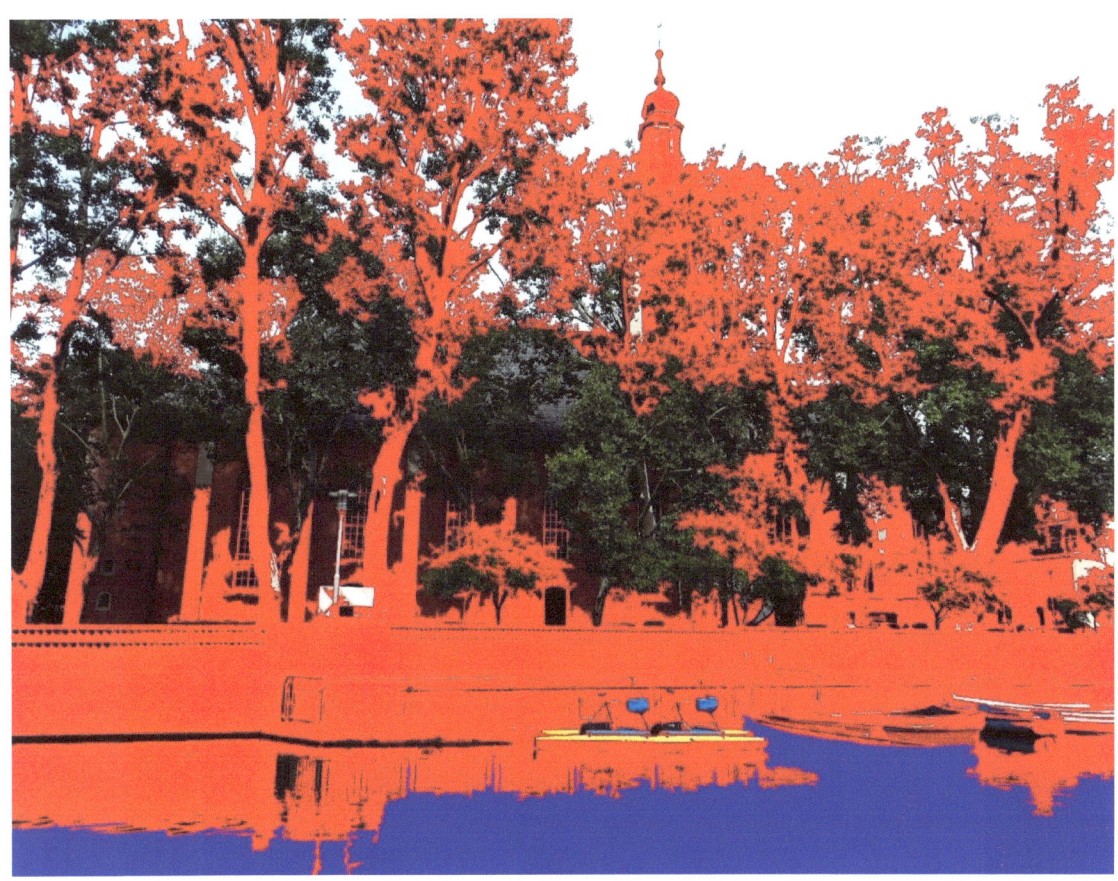

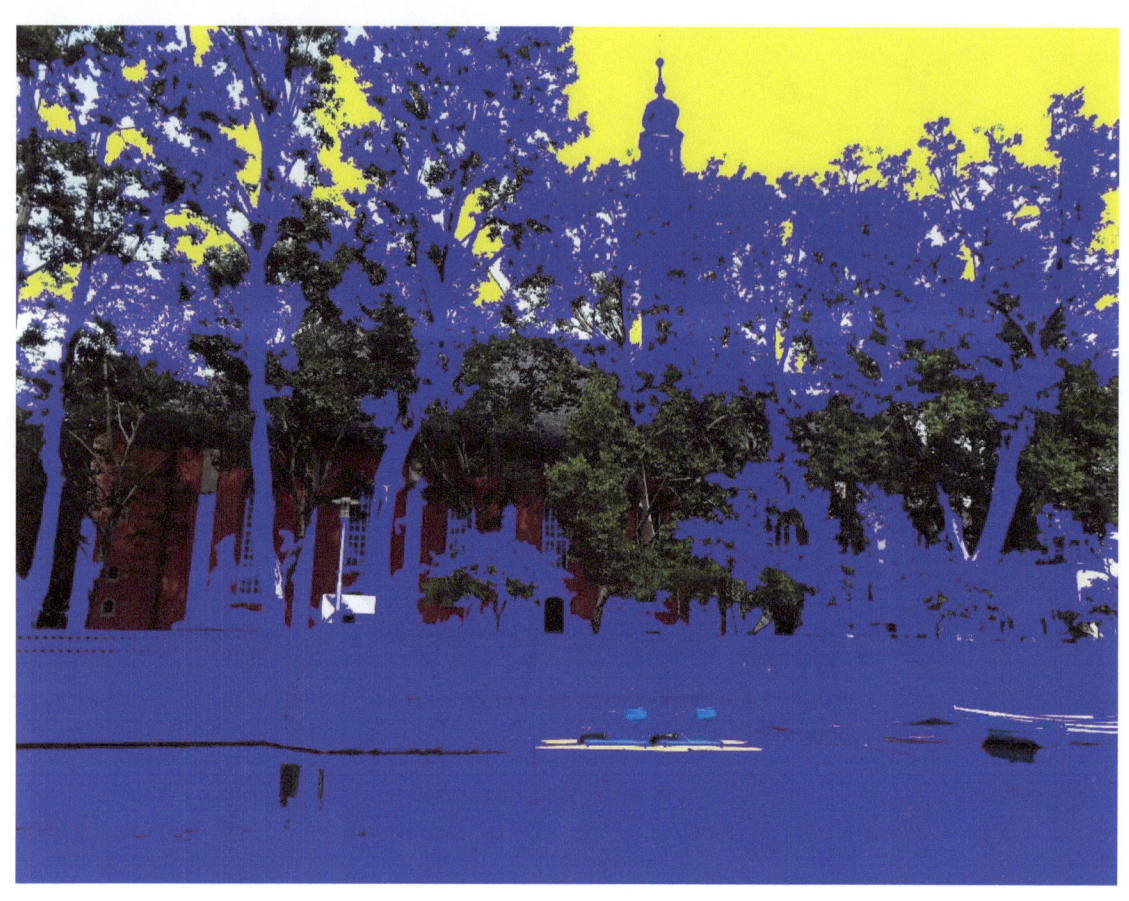
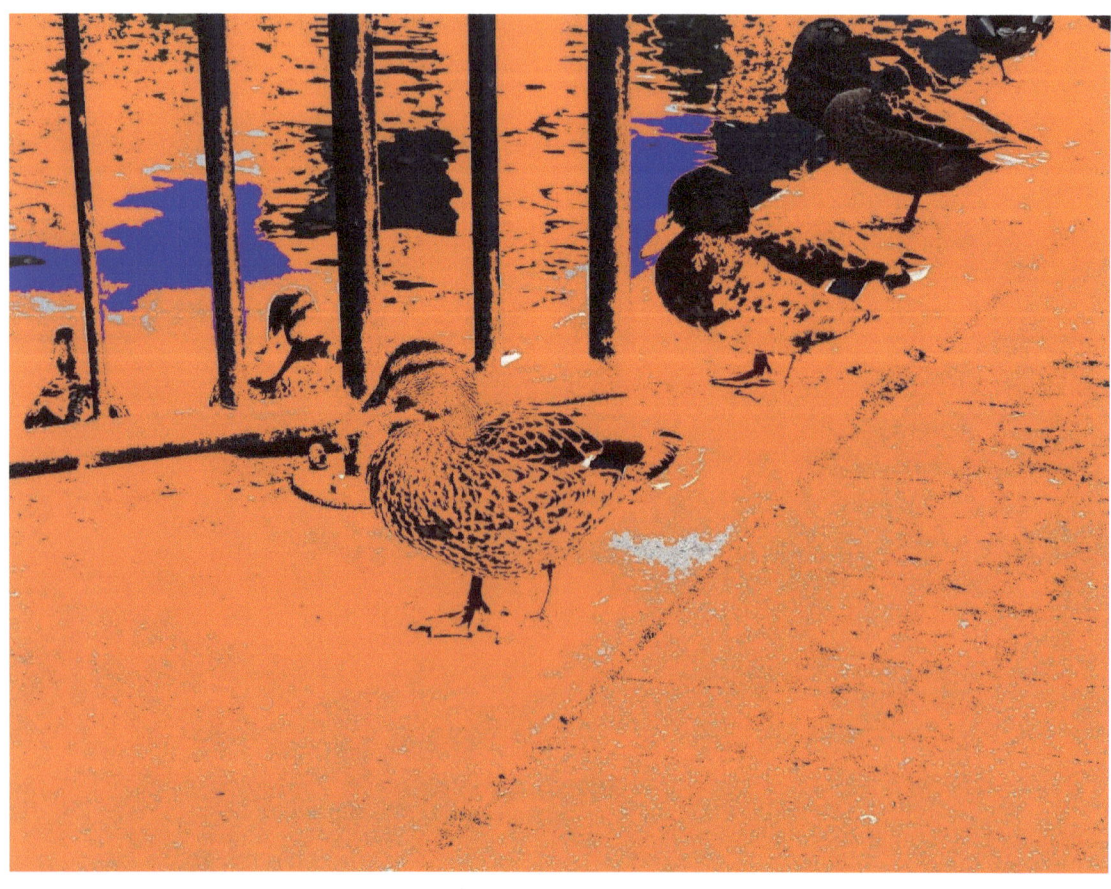

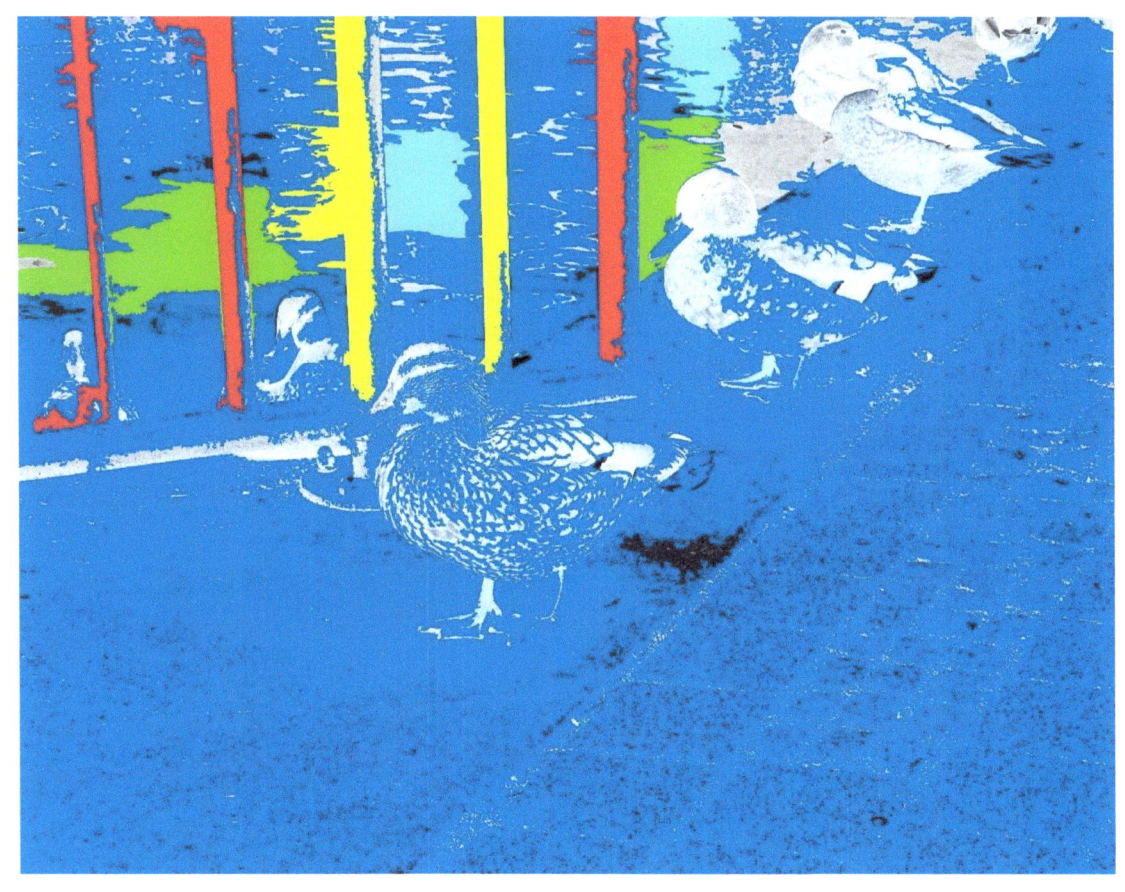

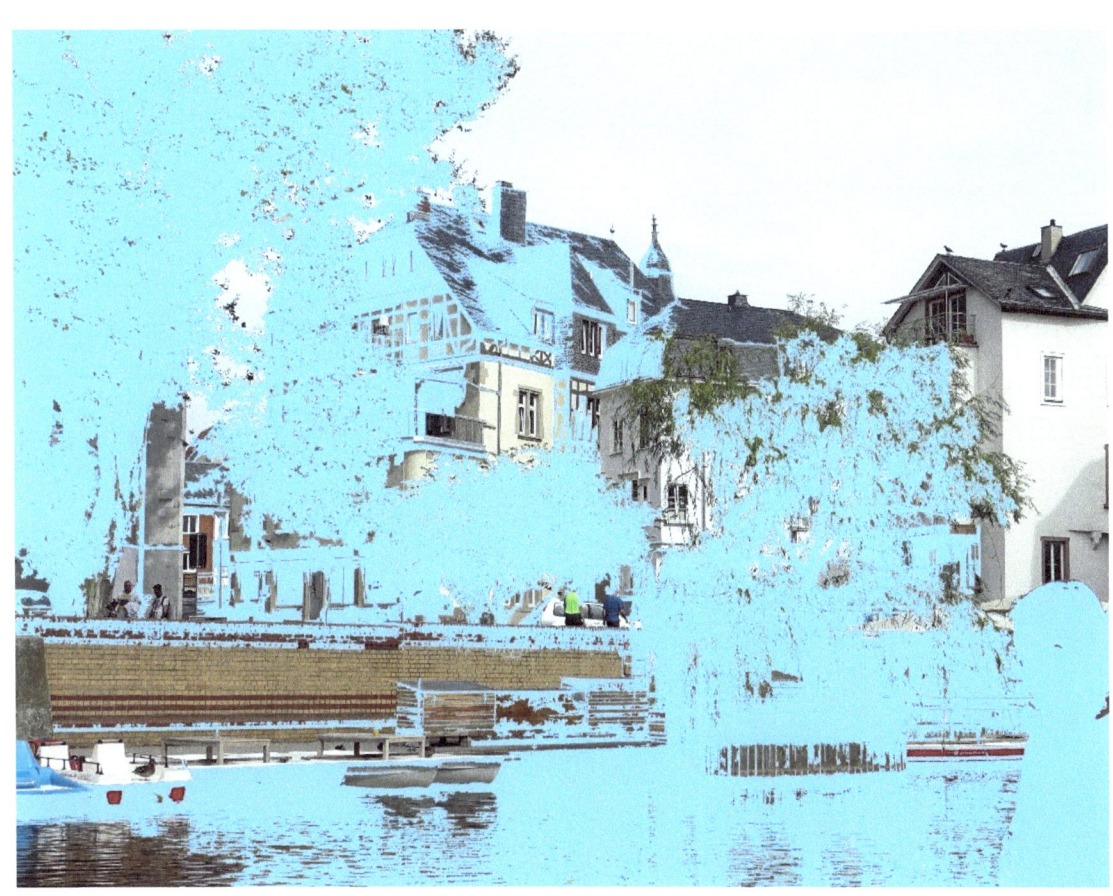

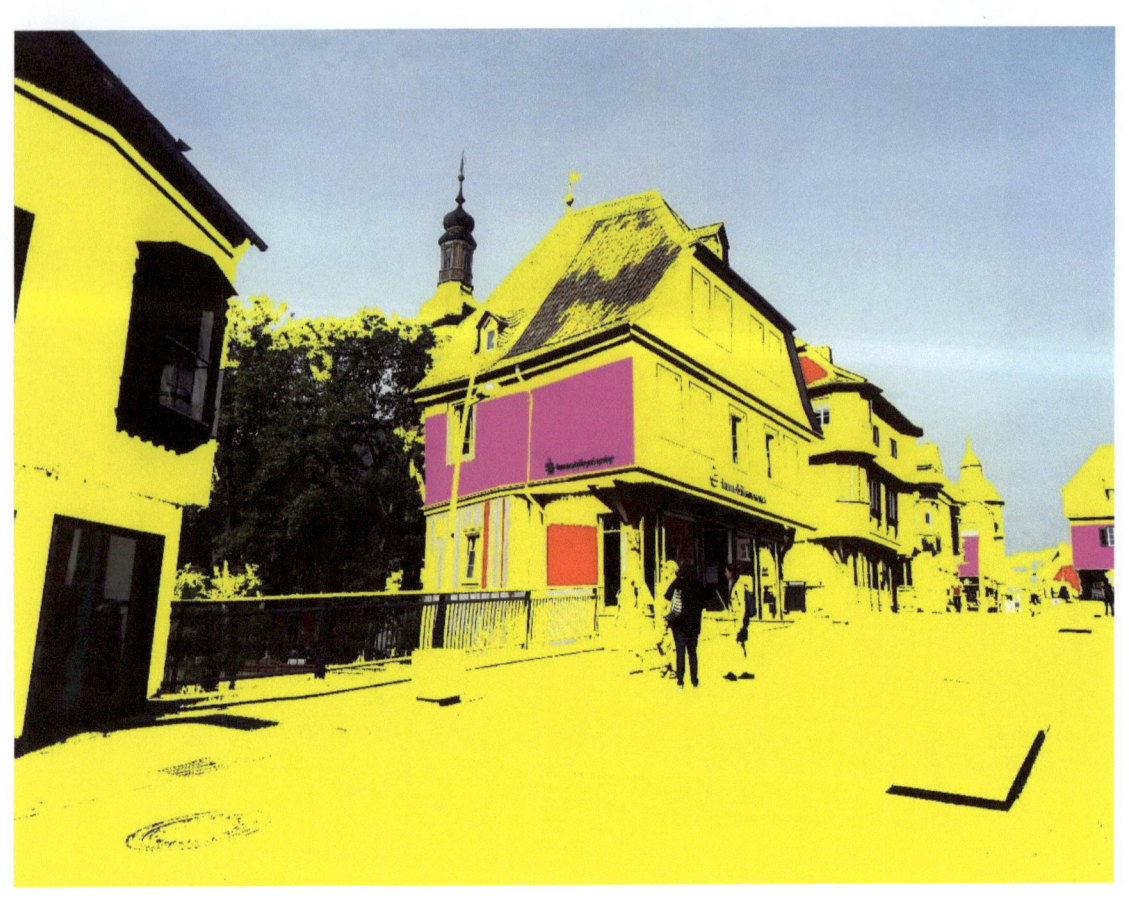

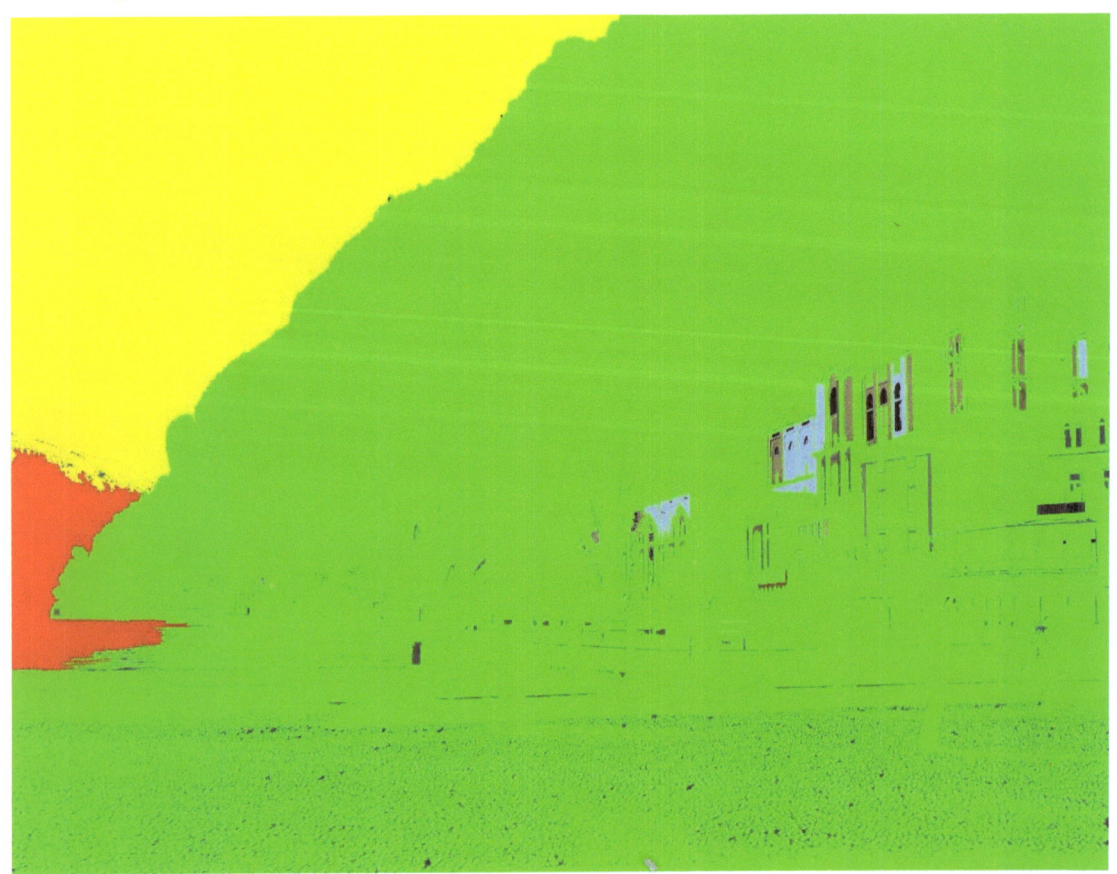

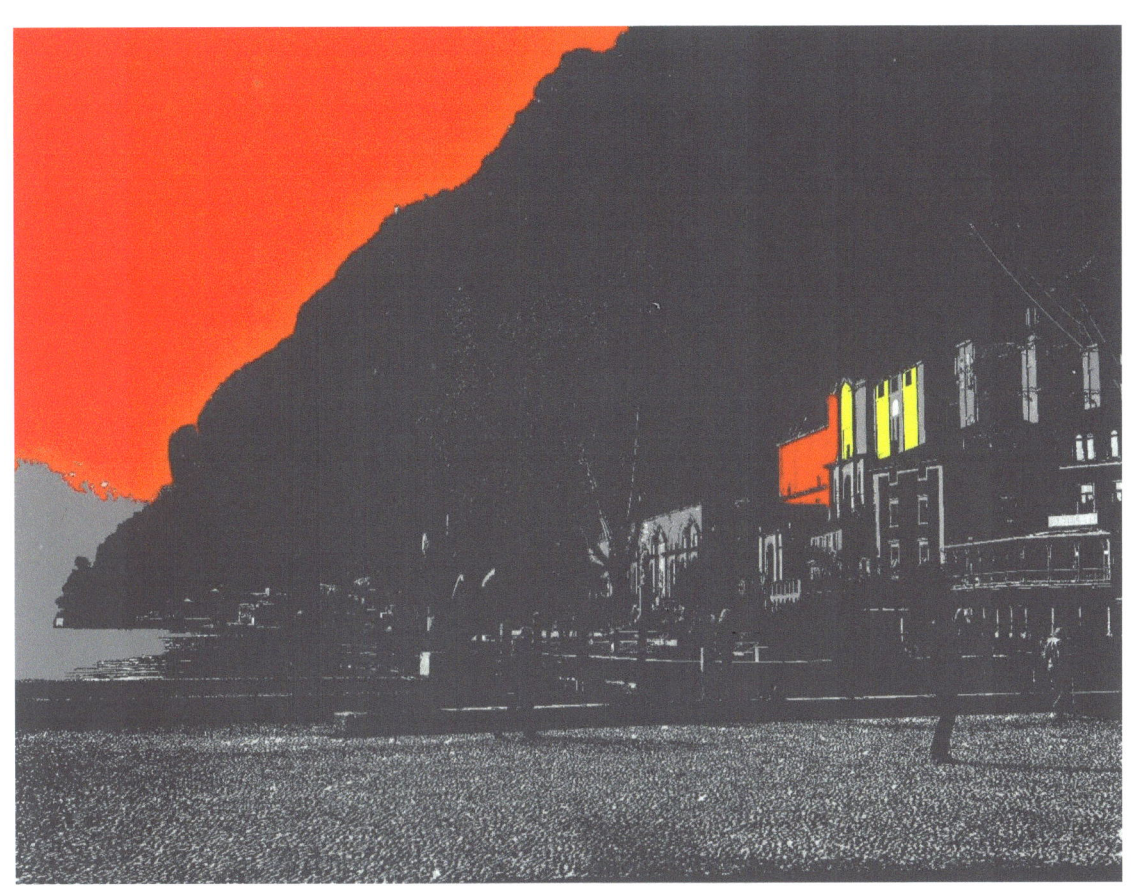

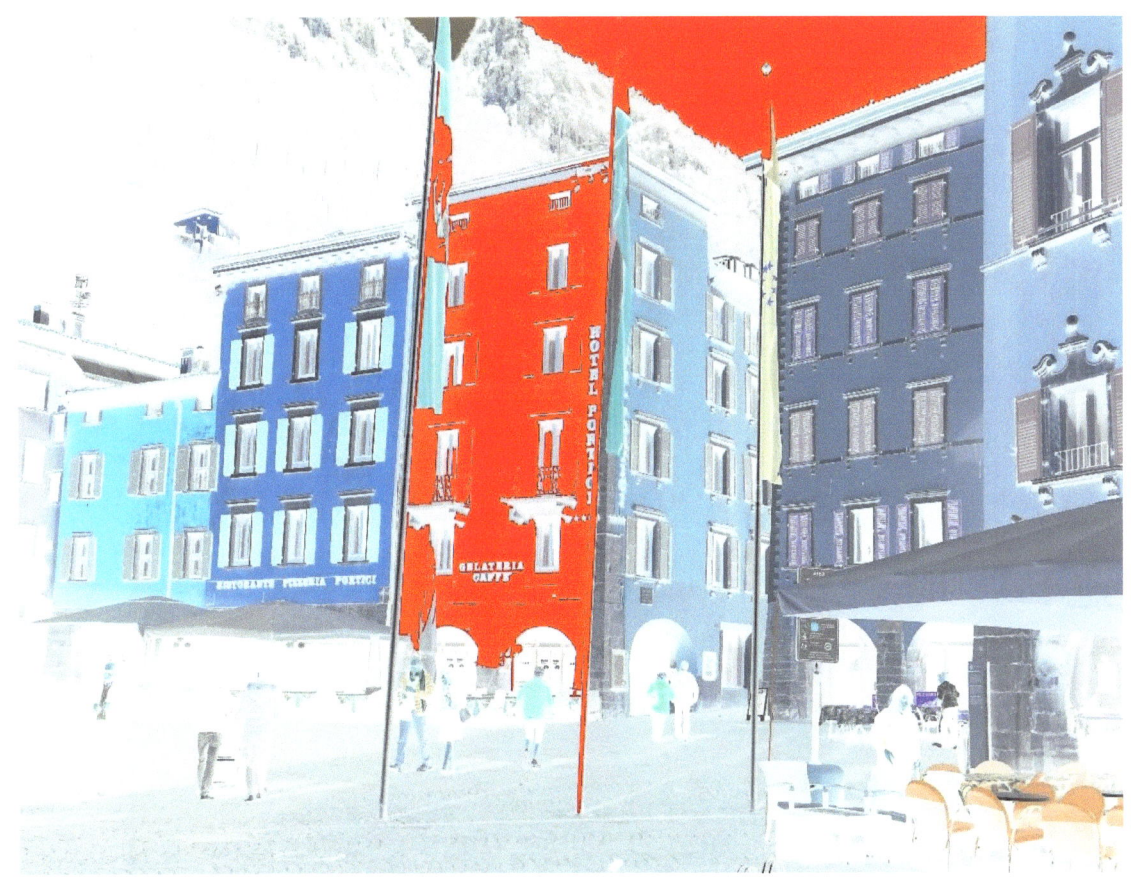

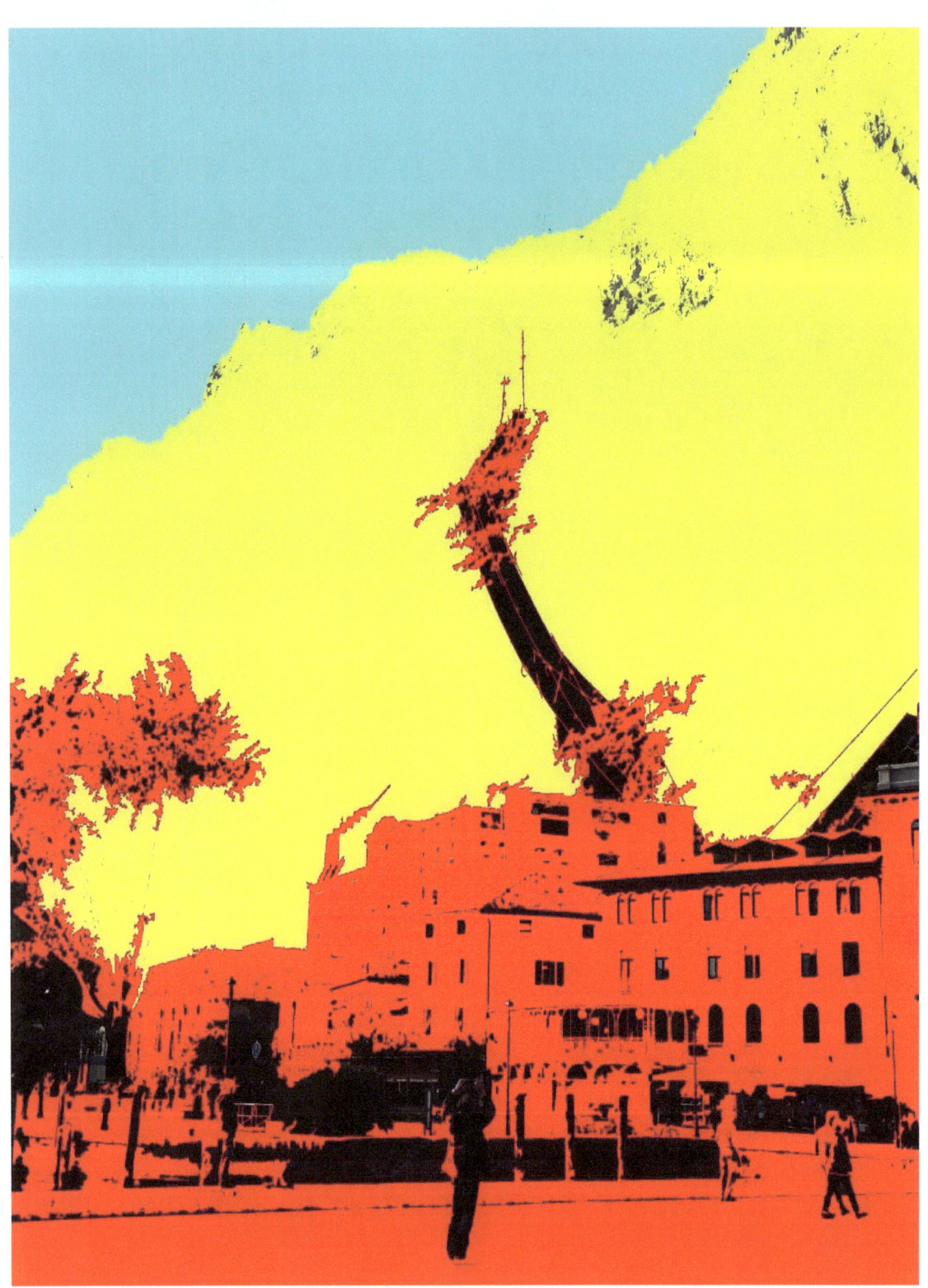

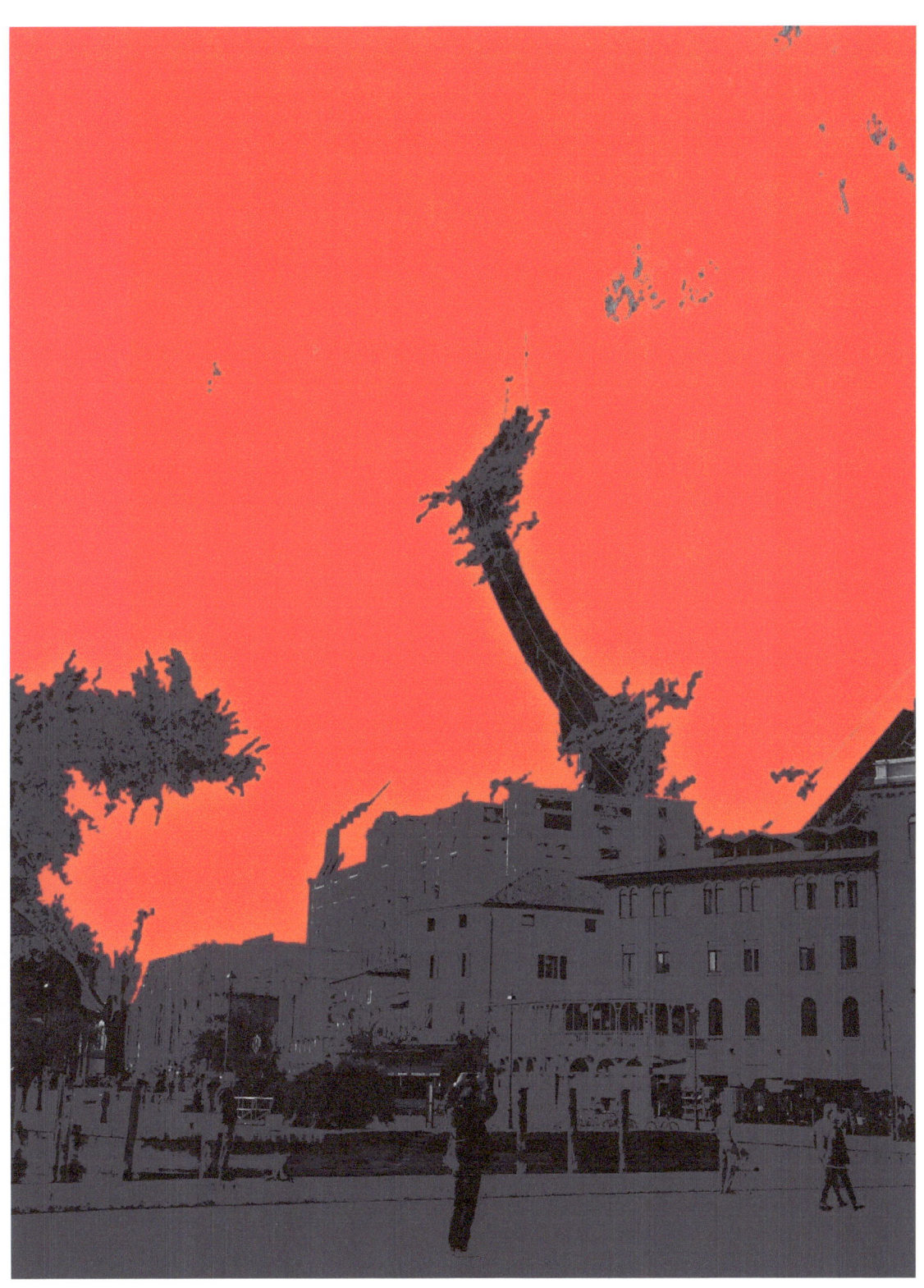

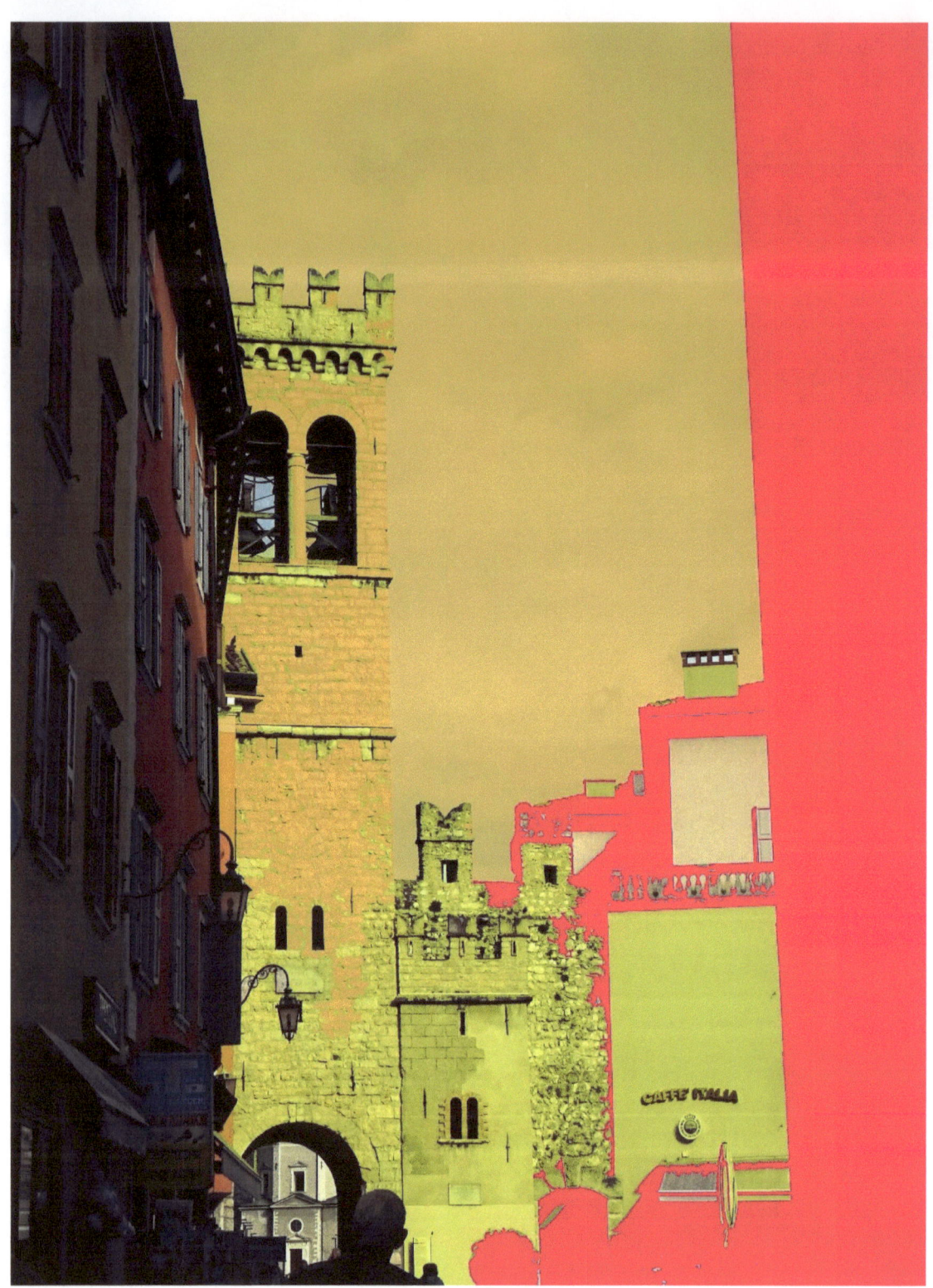

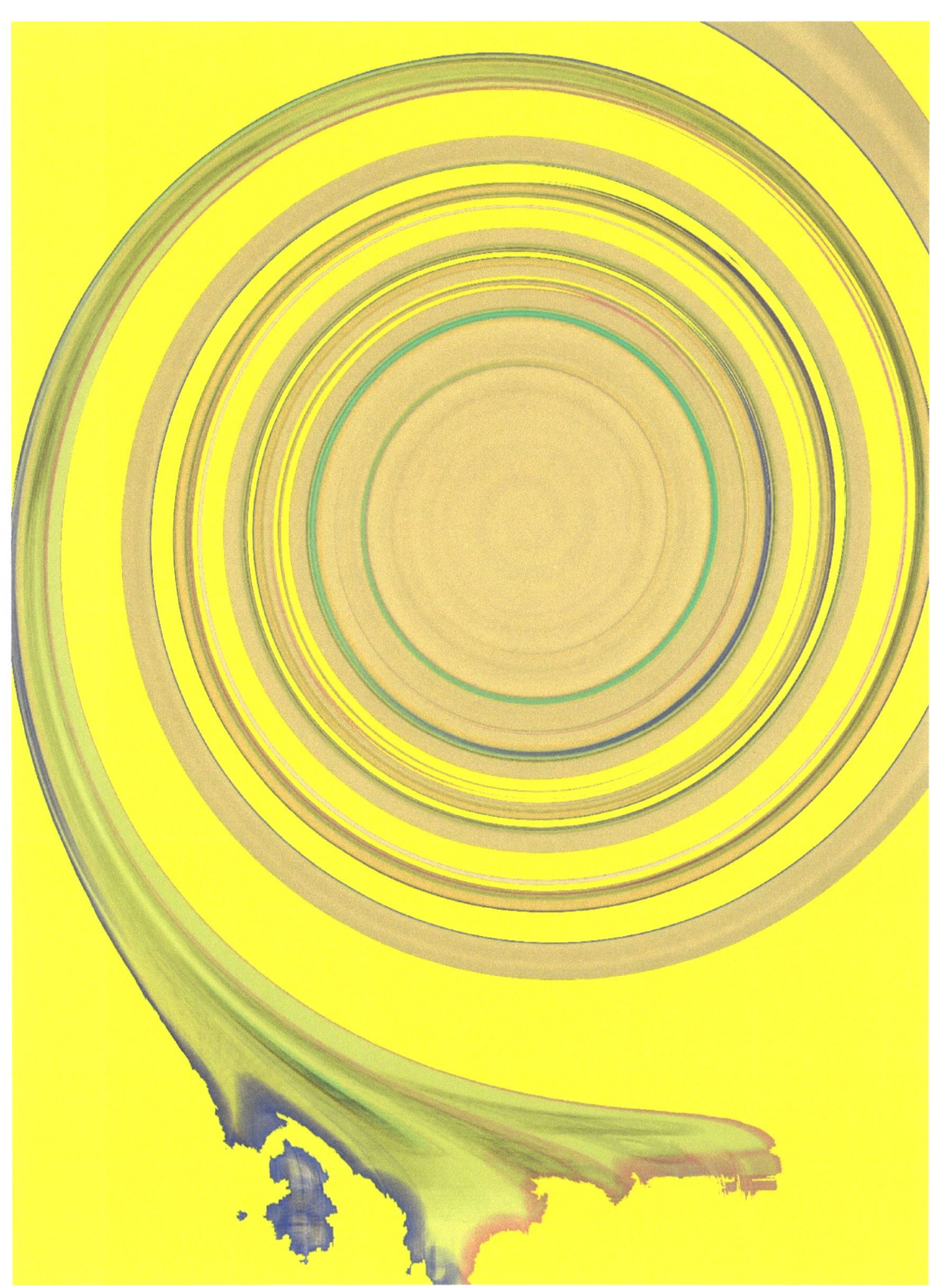

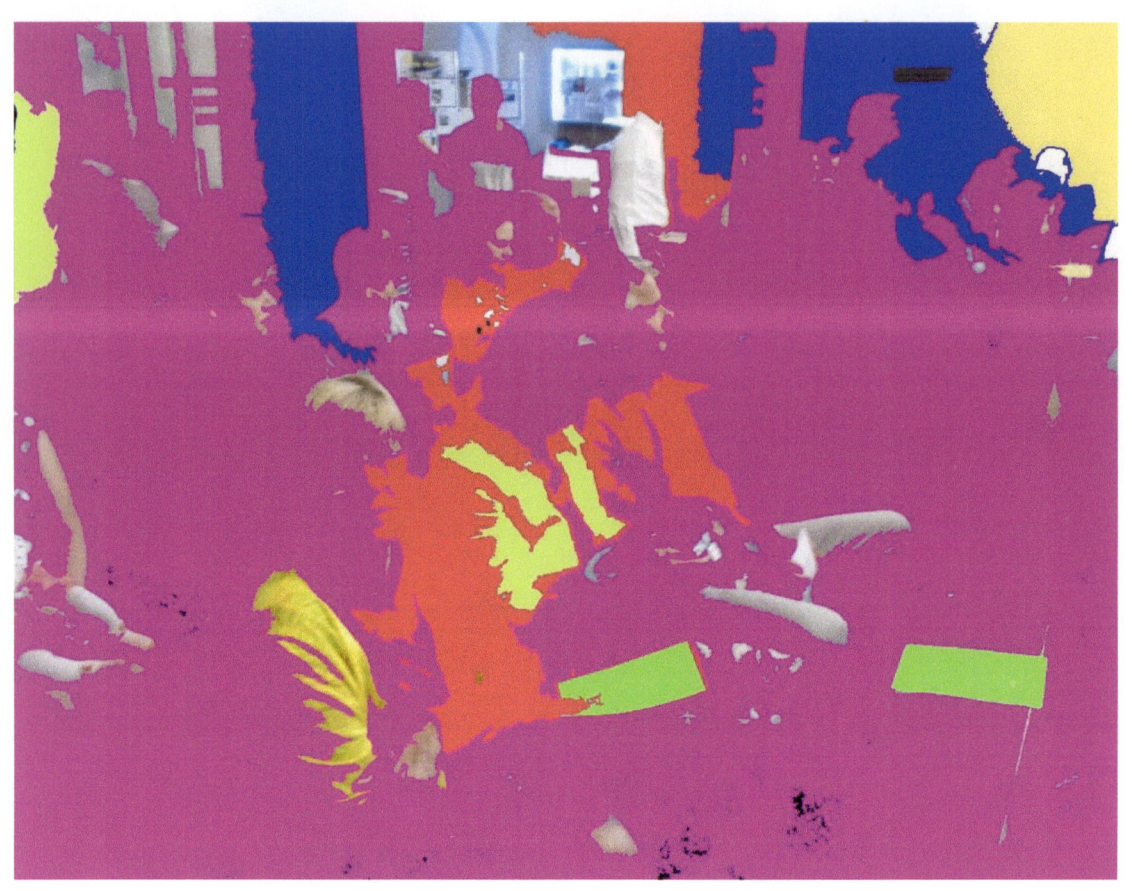
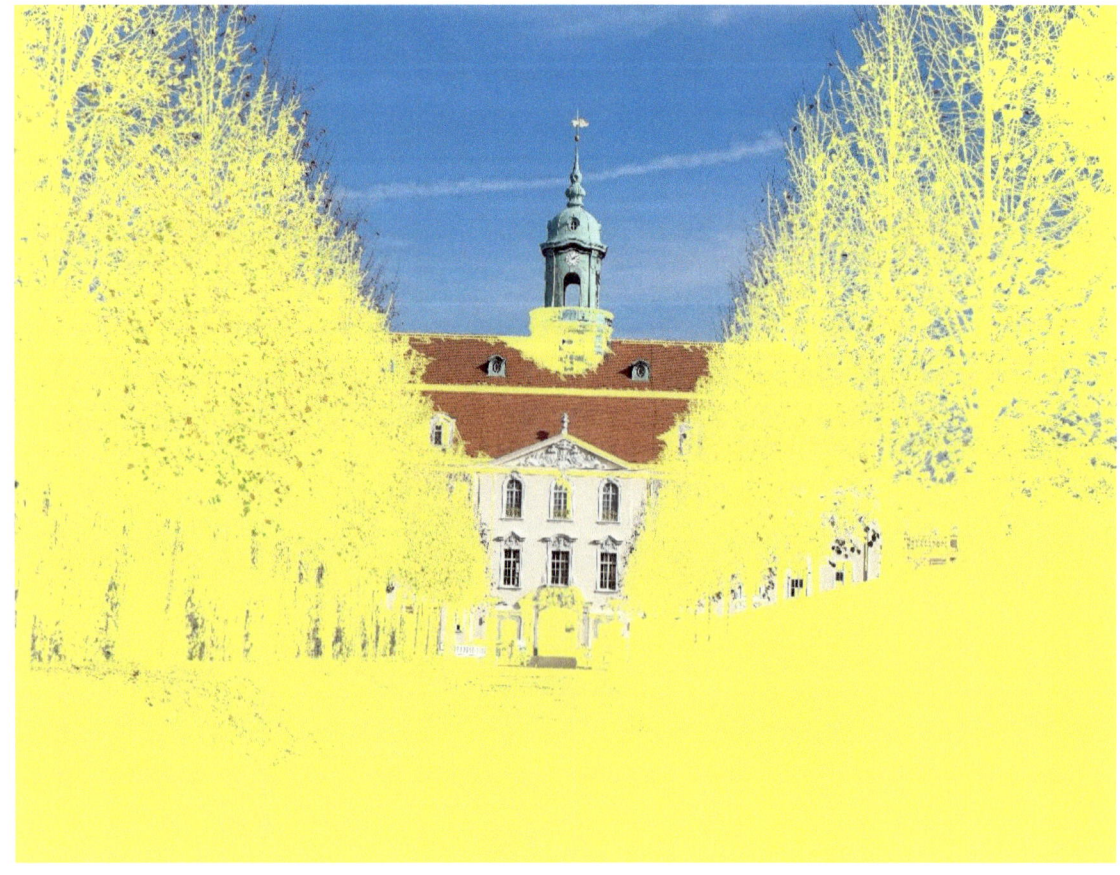

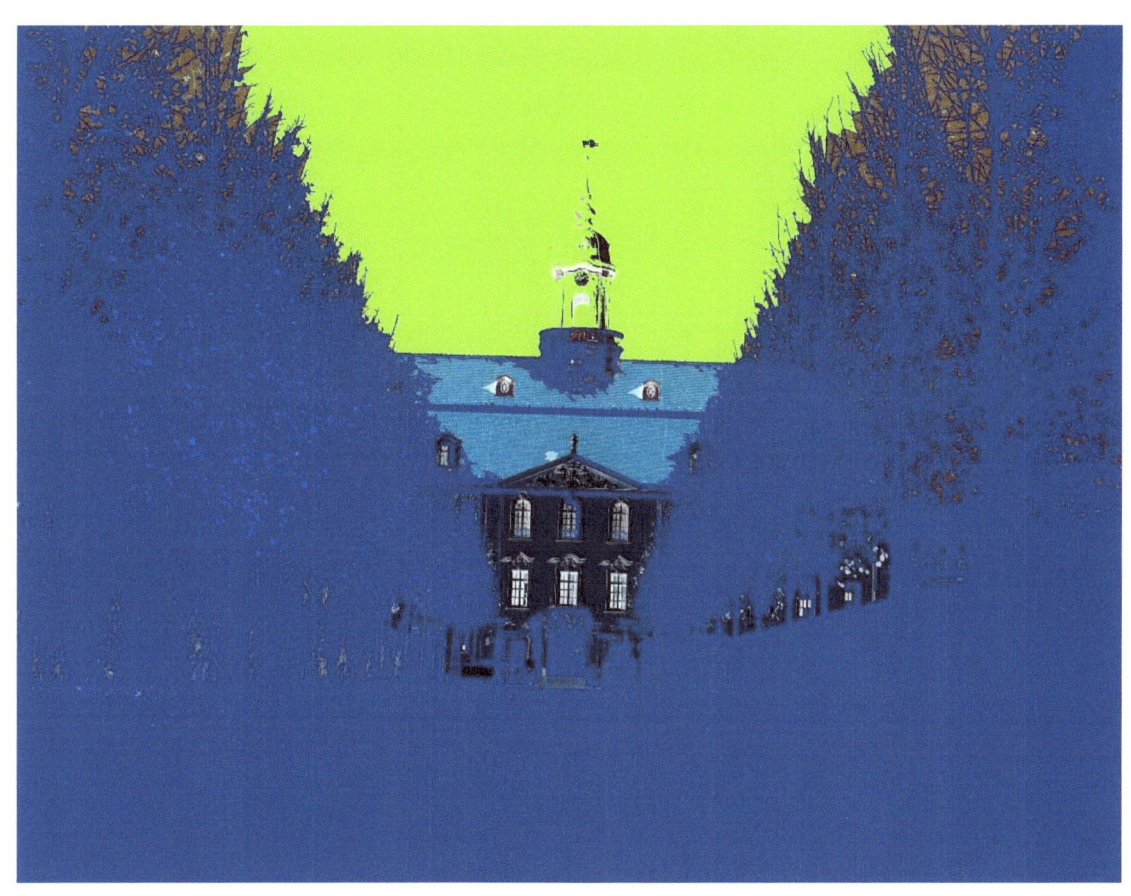
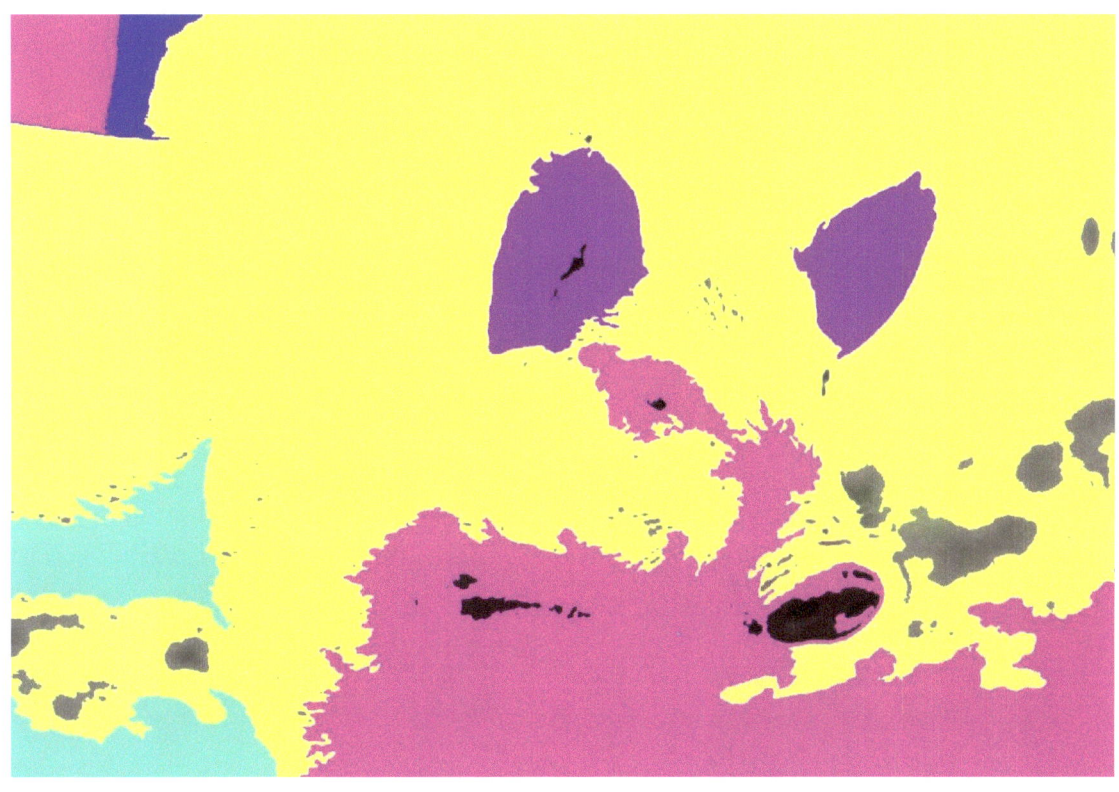

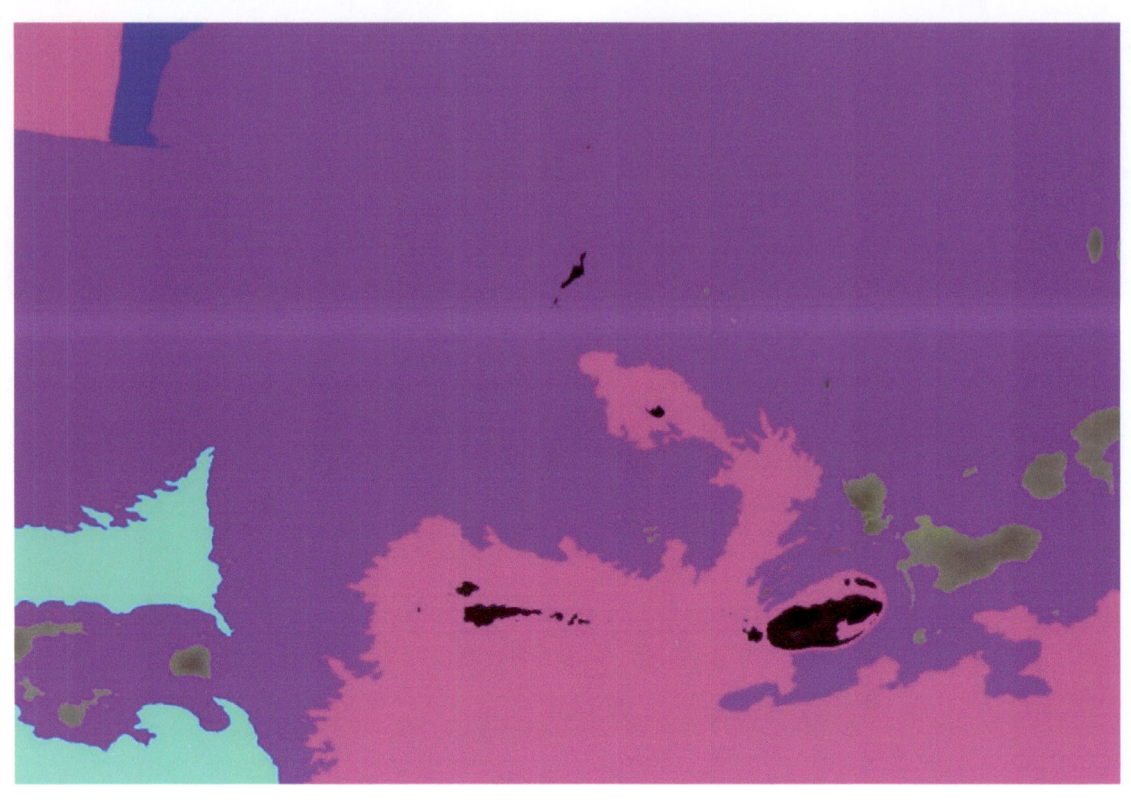
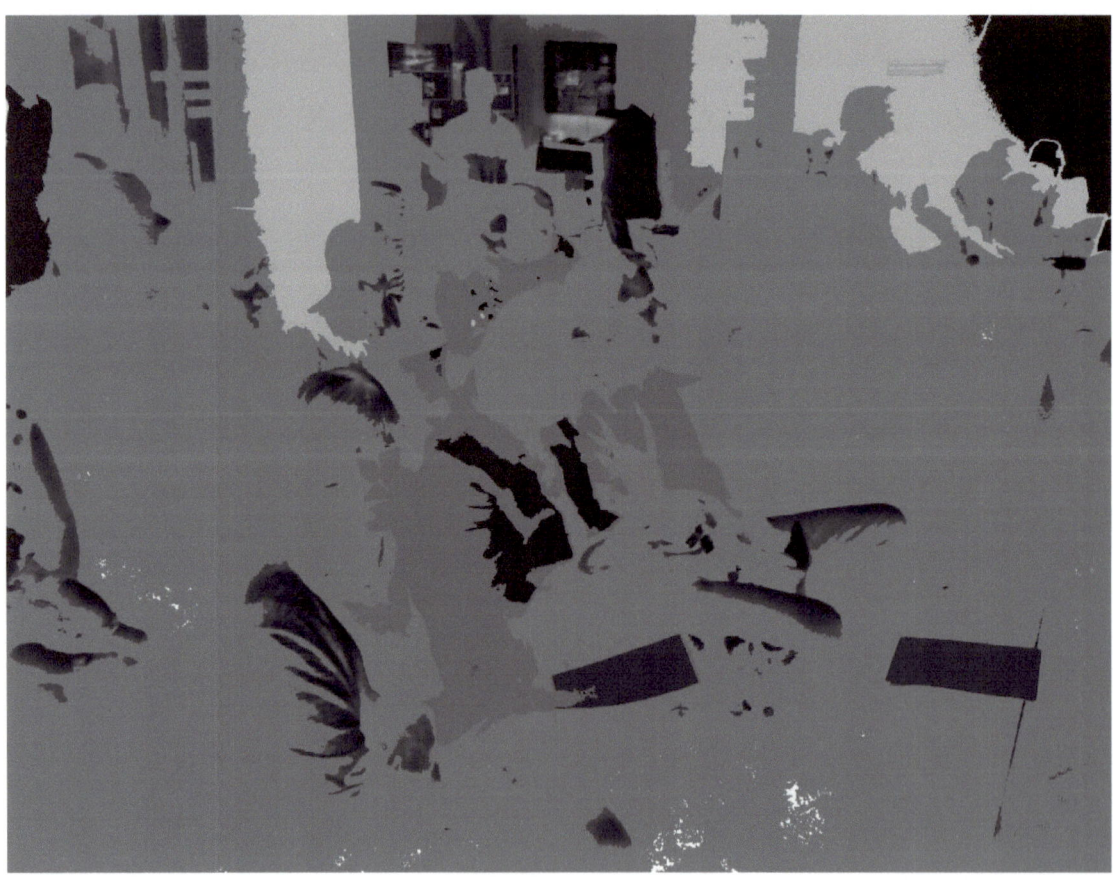

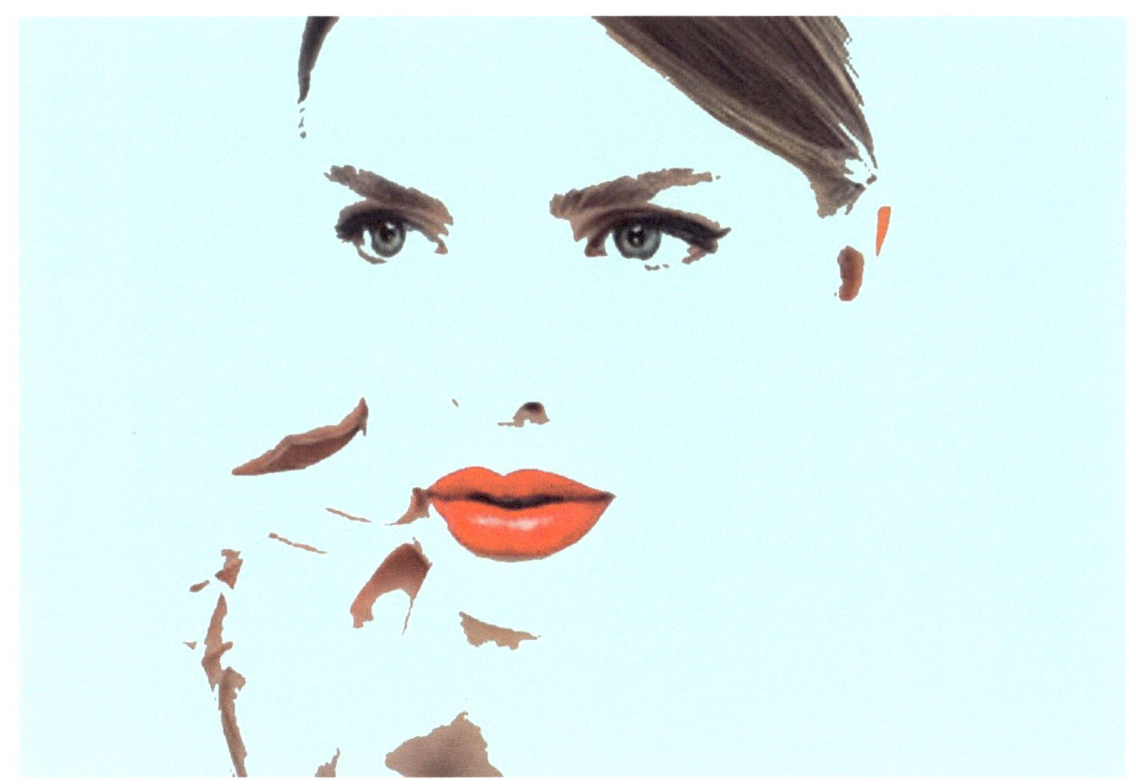
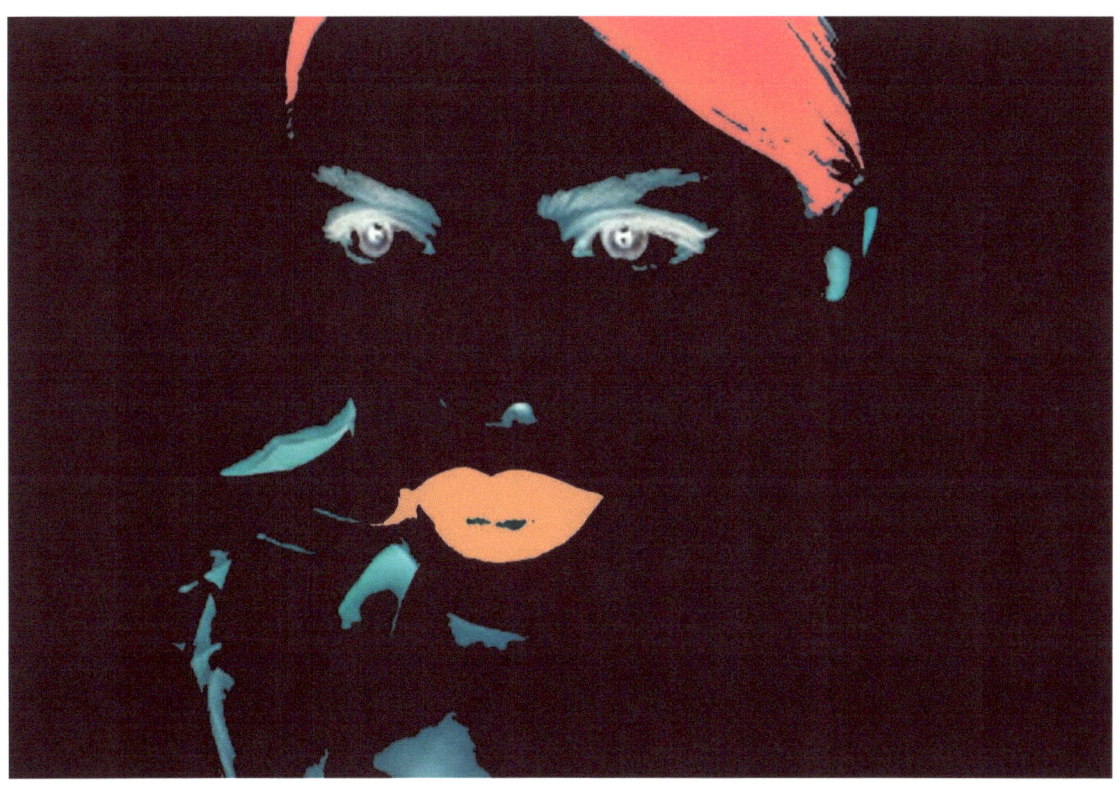

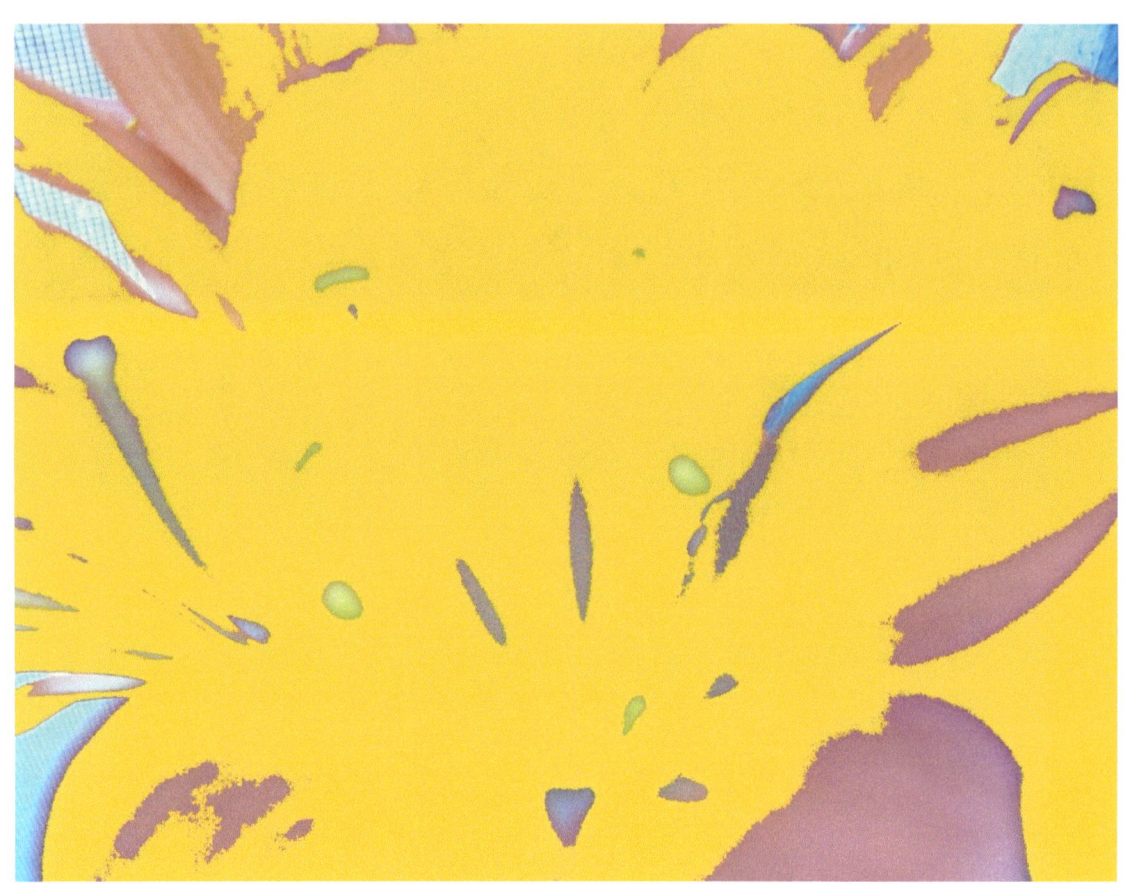

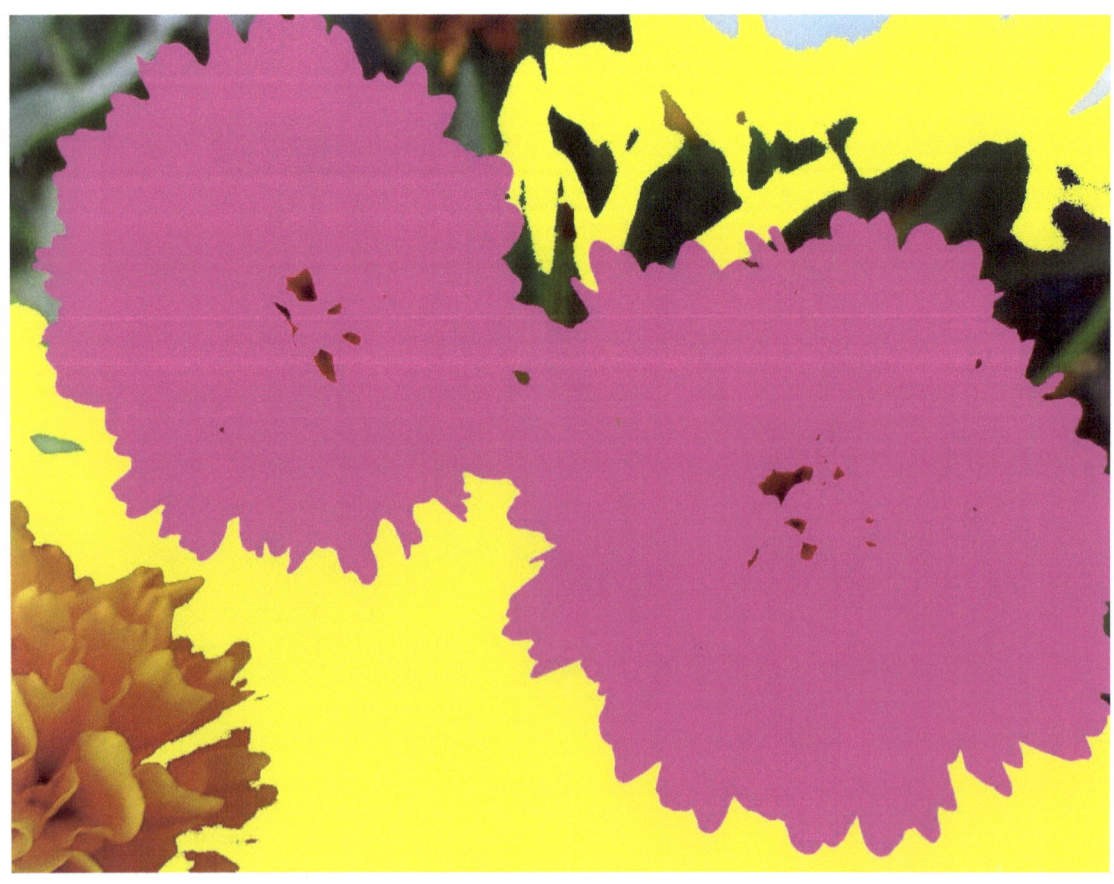

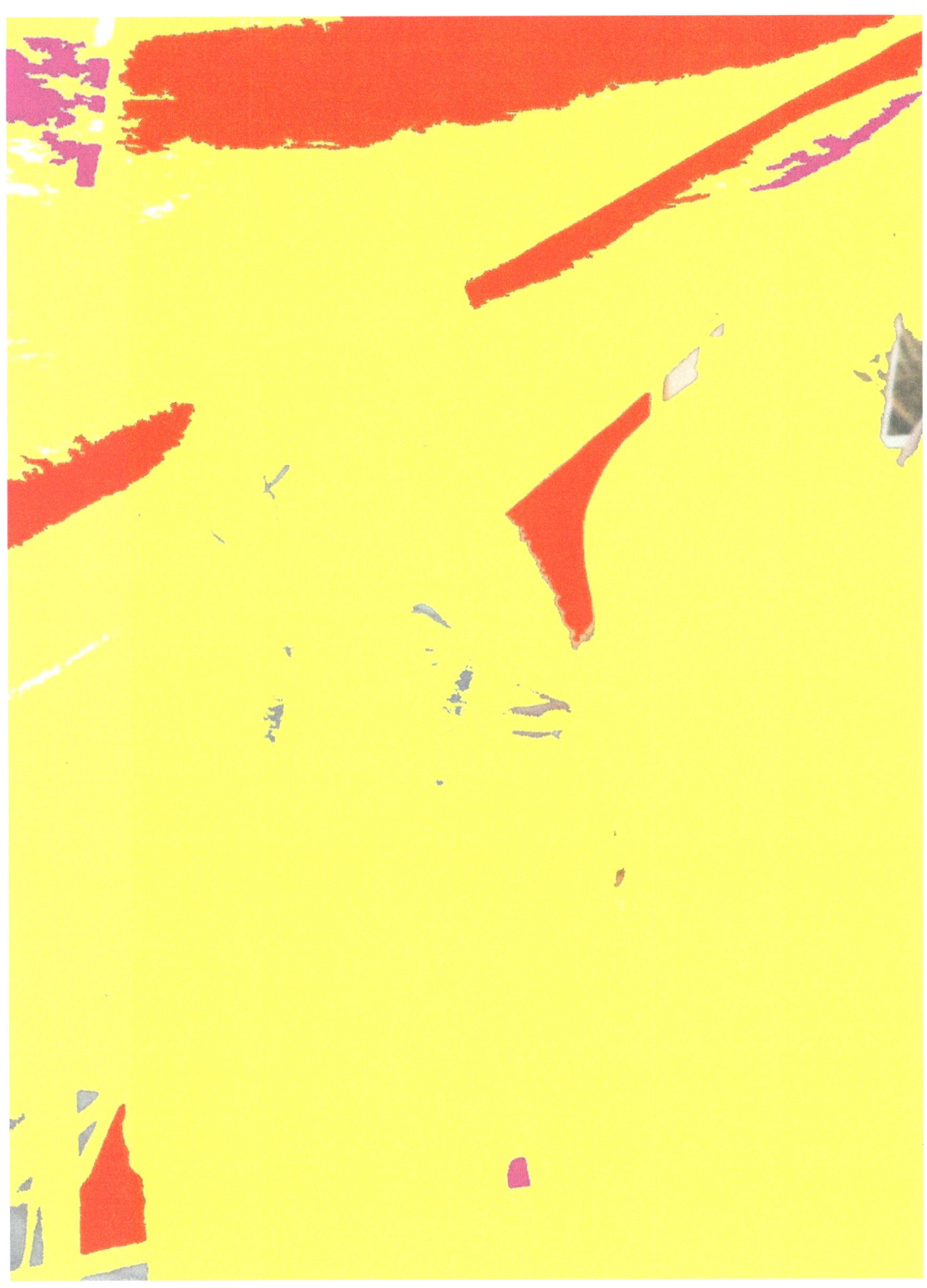

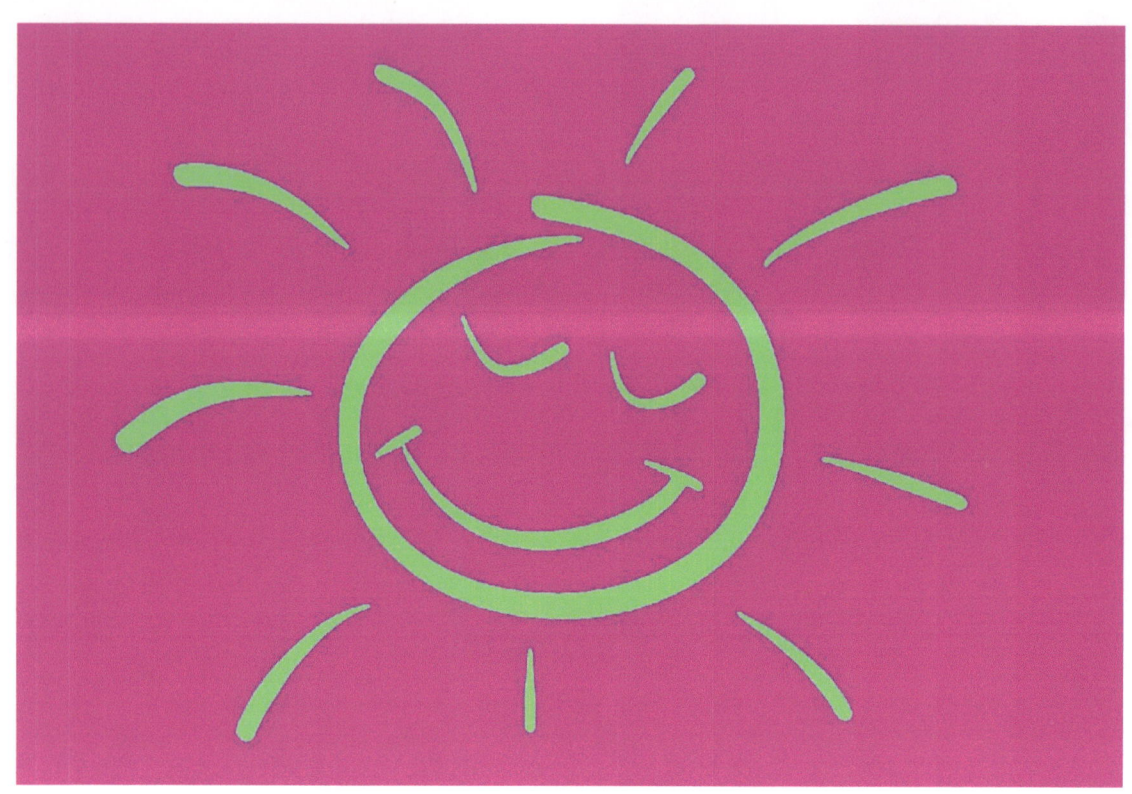

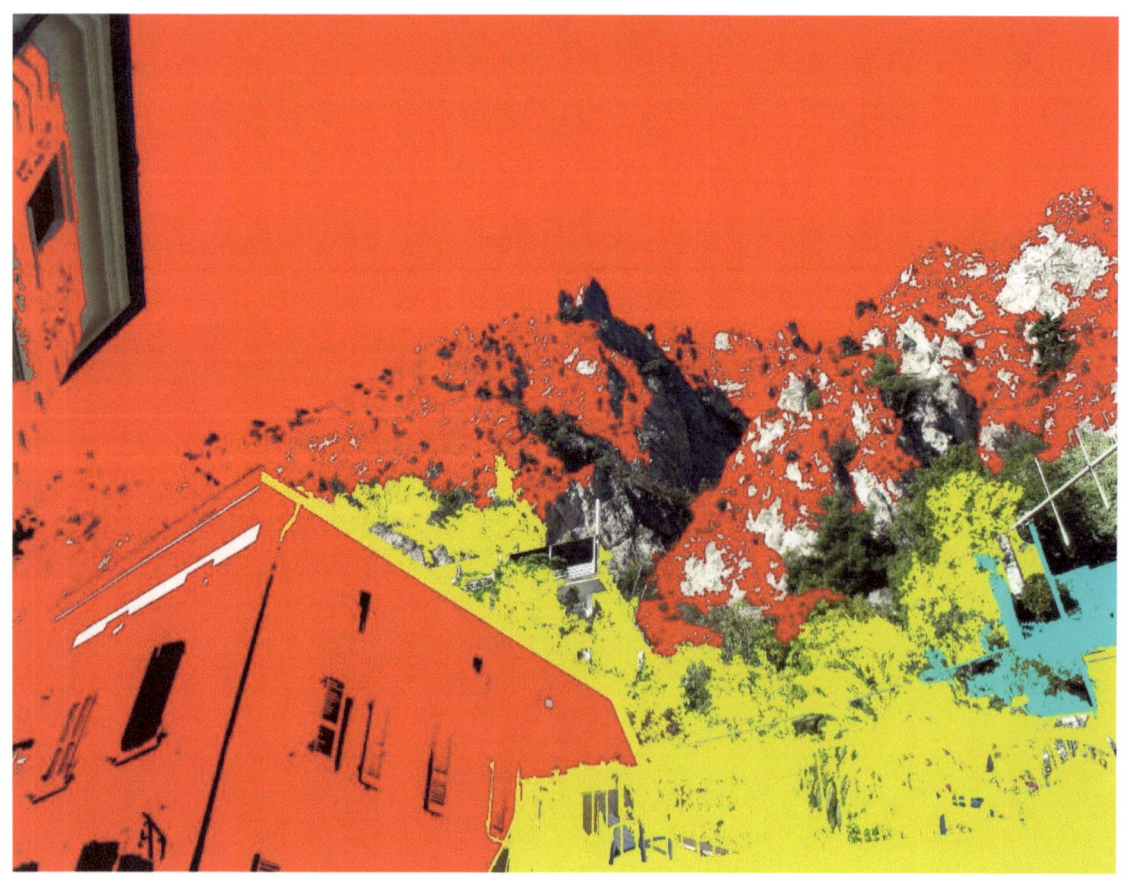

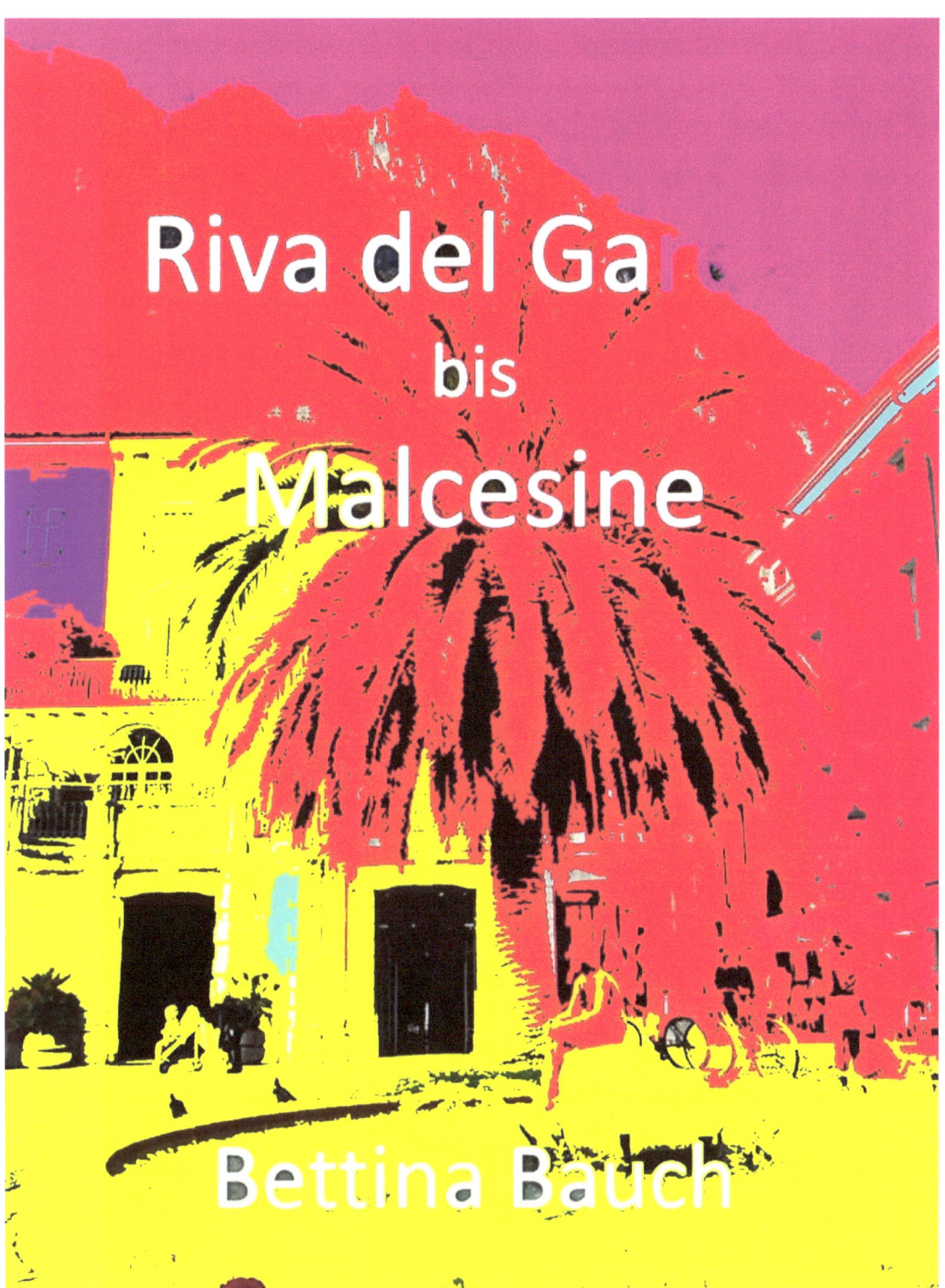

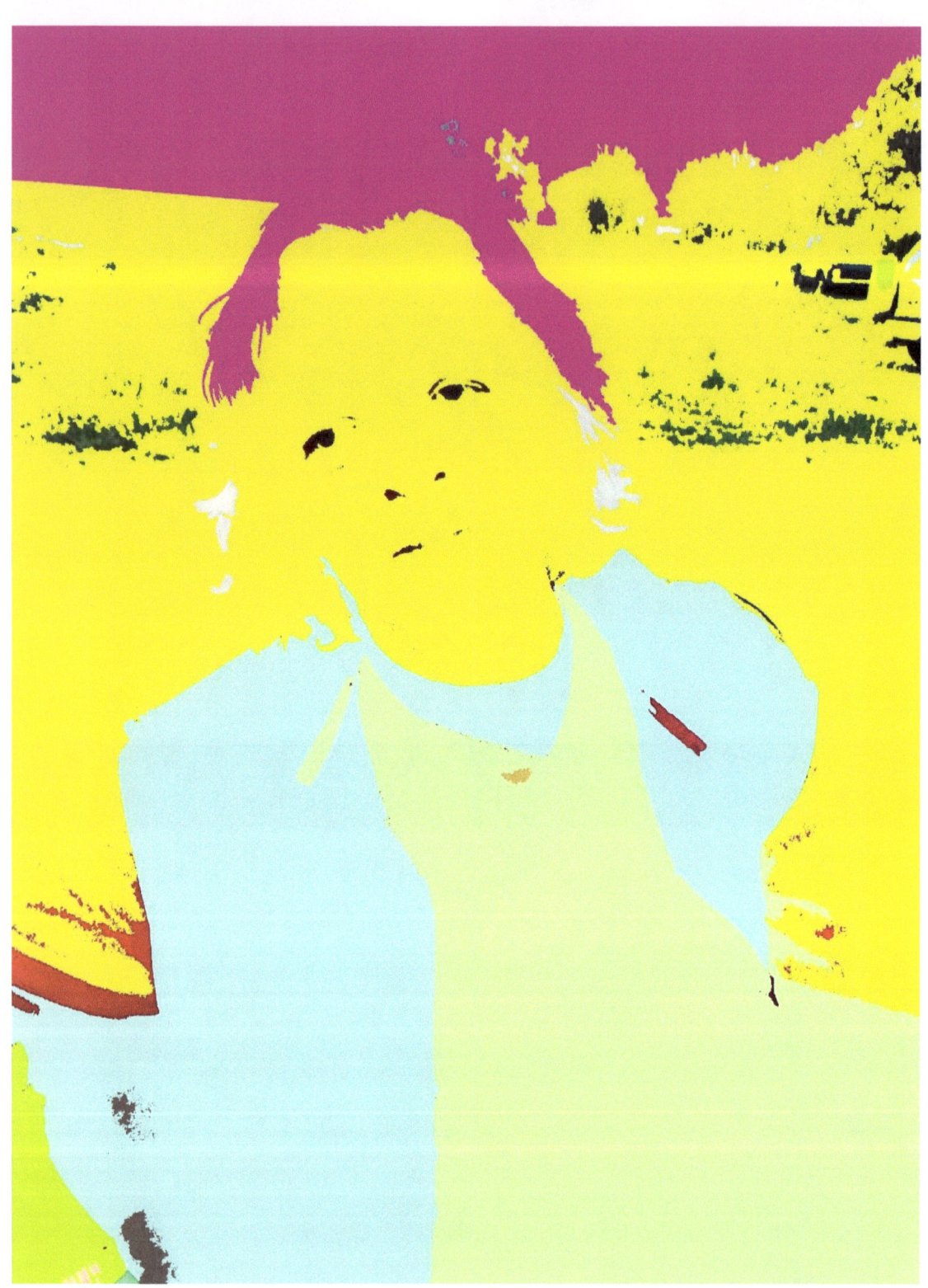

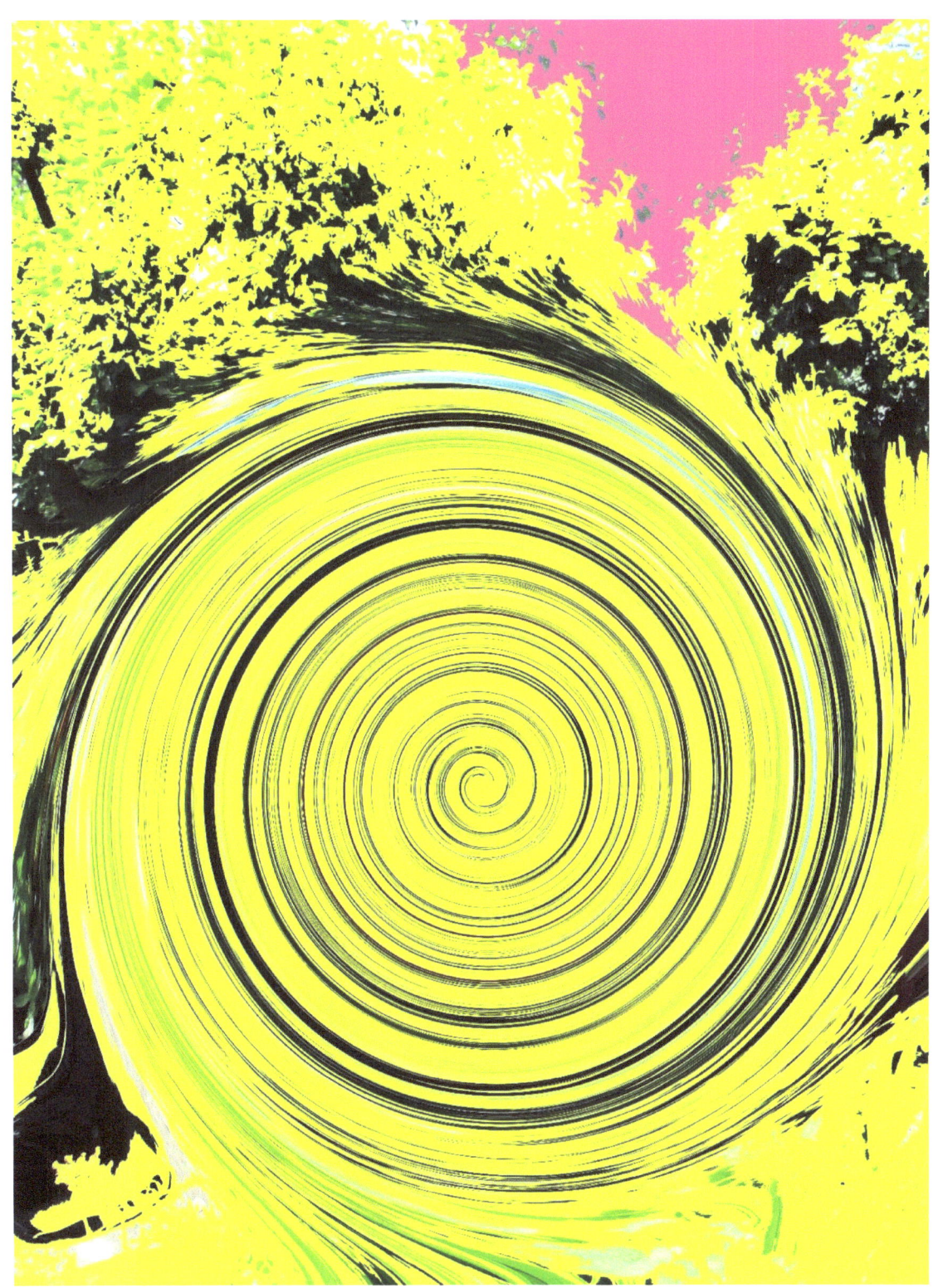

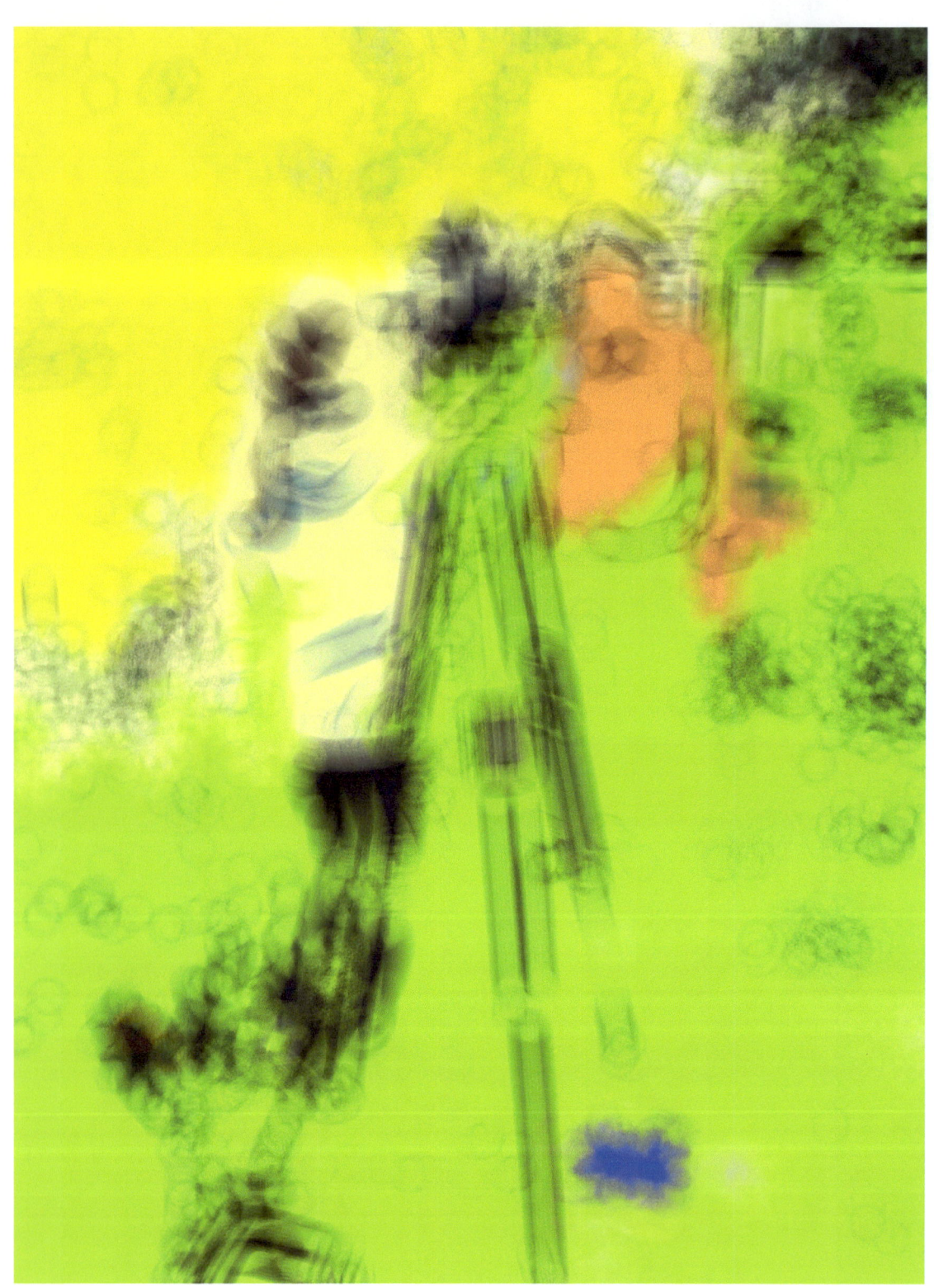

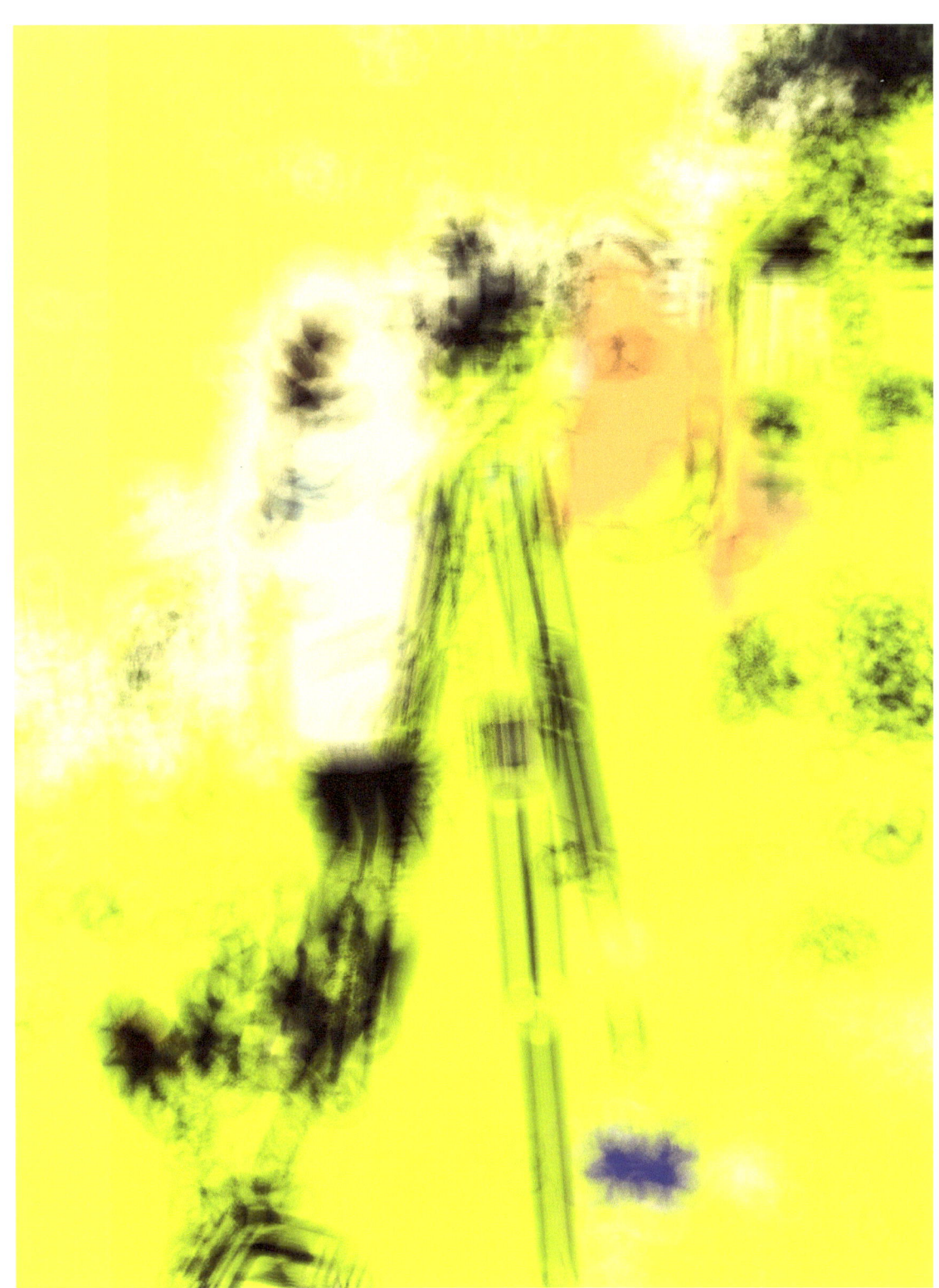

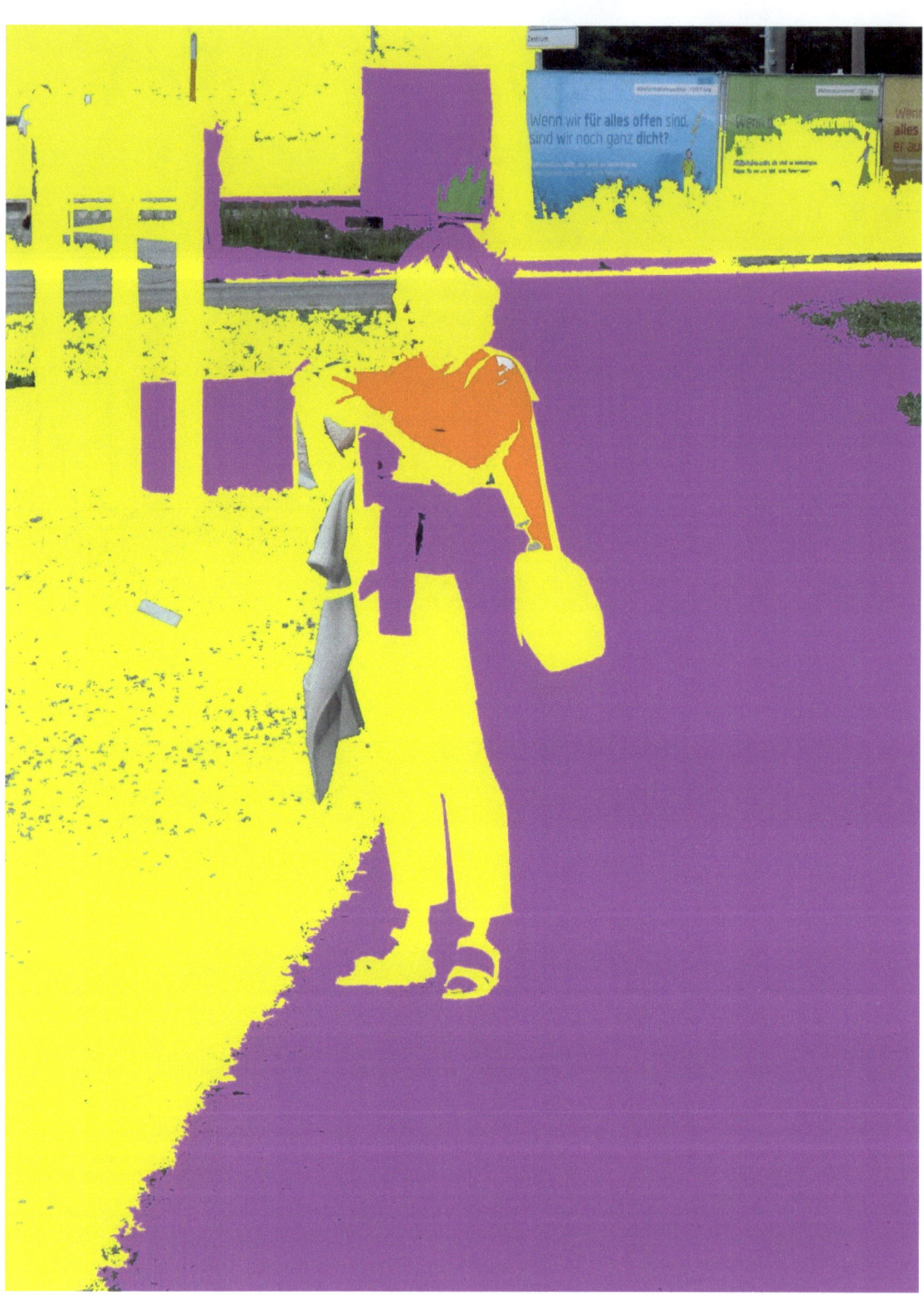

Anhang

Der Bildband ART–MASHUP ist auch auf folgenden Verkaufskanälen als eBook erhältlich:

Amazon Kindle

Des Weiteren mit der ISBN:

978 – 3 – 9624 – 61522

Barnes & Noble

Casa del Libro

iBookstor

Kobo/Fnac

Weltbild, Hugendubel, Thalia, buch.de, buecher.de.

Donauland.at, Google Play Books, e-Sentral, Scribd

und einige mehr… .